Dieses Buch
wurde für meine
alte Freund

geschrieben, de ich
es in immerwährender
Verbundenheit widme.

*

* zutreffende Buchstaben ergänzen

Jan von Treskow

Beamtenmärchen

mit Illustrationen von
J. und I. v. Treskow

Nomos Verlagsgesellschaft
Baden-Baden

CIP-Kurztitelaufnahme der Deutschen Bibliothek

Treskow, Jan von:
Beamtenmärchen / Jan von Treskow. Mit Ill. von J. u. I. v. Treskow.
– 1. Aufl. – Baden-Baden : Nomos-Verlagsgesellschaft, 1982.
ISBN 3-7890-0829-X

1. Auflage

Printed in Germany.

Von einem Beamtenkind seinen beruflichen Ziehvätern,
den Herren

Botschafter a.D. Dr. *Rudolf Salat*
Botschafter Dr. *Horst Blomeyer-Bartenstein*
Ministerialdirektor Dr. *Dedo von Schenck* (†)
Egon Bahr, MdB
Ministerialdirektor a latere Dr. Dr. h. c. *Edmund Dräcker*
Botschafter a.D. Dr. *Egon Emmel*
Botschafter a.D. Dr. *Hans Hellmut Ruete*
Ministerialdirektor Dr. *Per Fischer*
Botschafter Dr. *Ulrich Sahm*

in großer Dankbarkeit zugeeignet.

Zum Geleit

Die Freude der Menschen am Märchen – die stetig wachsende Zahl der Märchenerzähler beweist dies – hat nicht nachgelassen. Deutschem Verlegerfleiß verdanken wir inzwischen die handlichen Bände afrikanischer und indischer Märchen, die Märchen der kolumbianischen Chibchas und der Äußeren Mongolen, und sogar dem Eskimokind hat man seine Märchen auf Deutsch aufgeschrieben.

So bleibt eigentlich nur zu fragen: was liest das *deutsche Beamtenkind*?

Diese Frage hat den Verfasser, selbst ein Beamtenkind (Vater: Landrat a.D.), unablässig beschäftigt. Als Ergebnis seines Suchens und Sammelns in den deutschen Amtsstuben möchte er jetzt dieses schmale Bändchen in die Hände all jener Beamtenkinder legen, die das ›Taschenbuch des öffentlichen Lebens‹ und die ›Beihilfeverordnung‹ bereits mit Fleiß gelesen haben und nun mal nach etwas Neuem greifen wollen.

Niedźwiedziróg (Bärenwinkel), Masuren, Juli 1981

Inhaltsverzeichnis

Maria in Weimar

Die Oberlehrer – manchmal frage ich mich, wo sind die eigentlich geblieben? Sicherlich leben noch irgendwo eine ganze Reihe pensioniert und fast vergessen, neue Oberlehrer gibt es nicht mehr, vermutlich hat man sie auf dem Verordnungswege abgeschafft. Neulich wollte ich von einem Beamtenkind wissen, ob es schon einmal in seinem Leben einem Oberlehrer begegnet sei. Es schaute mich aus seinen aktenstaubgrauen Augen verwundert an, so als sollte es mir sagen, wer der Vogel Archaeopterix, Cassiopeia oder Bismarck sei. Dabei hatte ich nur deshalb gefragt, weil ich kurz zuvor an meinen Oberlehrer Pöppinghaus gedacht hatte, der uns beim jährlichen Zeichnen von Weihnachtszweigen, Ostereiern und Heuernten, von Sexta bis zur Sekunda, immer wieder erzählte, wer oder was bei Goethe oder worin dieser Goethe der erste oder, wenn auch das ehrenvoll, der letzte gewesen war. Ich hatte gerade ein Essaye* gelesen, in dem unwiderlegbar und daher für Oberlehrer Pöppinghaus in umso ärgerlicher Weise belegt stand, daß es nach Ulrike von Levetzow in Goethes Leben keineswegs zu Ende war, sie mithin nicht, wie Pöppinghaus gemeint hatte, die ›Allerletzte‹ gewesen war.

Kürzlich mußte ich wieder an diese Geschichte denken, als

* Stanisław Szenic, Goethe i Maria Szymanowska, in: Za zachodnią miedzą (Hinter der westlichen Scholle – Polen im Leben Deutschlands des 18. und 19. Jahrhunderts), PIW Warschau 1973, S. 286 ff.

hinter mir, das heißt nebenan im Badezimmer, mein eigenes Beamtenkind mit steigerndem Tremolo schmetterte: »Where have all the flowers gone?« Als es dies das neunte Mal gefragt hatte, ging ich hinüber, weil ich plötzlich Angst hatte, es könnte die noch fehlenden sechzehn Strophen folgen lassen.

»Apropos verschwundene Blumen«, sagte ich, selber noch ganz erfüllt von Maria Szymanowskas dunklen, verwirrend dunklen Augen, von denen uns Oberlehrer Pöppinghaus nie erzählt hatte, von denen ich nun selbst zu erzählen begann, wobei ich gar nicht sicher wußte – war sie Goethes ›letzte‹ – nein, nicht die ›letzte‹, sie war (um es ordentlich deutlich zu sagen) seine *allerletzte* – ja, aber was eigentlich ›allerletzte‹? »Freundschaft«, heißt es bei Szenic, »ist wohl als Wort etwas blaß«. Das Wort Freundschaft lege man also besser weg. »Liebe?« Nein, Liebe – das sei nun doch möglicherweise wieder zu stark. Immerhin verließen Exzellenz unlängst das erste Drittel der Siebzig.

»Romanze? Nein, das ist zu leicht.«

Also ich meine, bevor man da weiter Gefühlsexegese betreibt und alle lebenden und toten Oberlehrer auf den Plan ruft – liebes Beamtenkind: einigen wir uns doch auf ›Liebe‹. Selbst wenn die ›Erste Fortepianistin Ihrer Majestäten beider Kaiserinnen von Rußland‹ kaum eben ein Twen geworden und der Geheimrat ein statiöser Greis war – dergleichen Beziehungen hatte die Welt schon öfters gesehen, und sie sieht sie noch immer.

(»Nicht immer zur Freude der Greisinnen«, flocht mein Beamtenkind mit niedergeschlagenen Augen ein.)

Goethe, fuhr ich dann fort und wurde hier etwas ausführlicher, mochte die Gesellschaft polnischer Gäste. In Marienbad, in Karlsbad, in Weimar – durch seine Tagebücher ziehen sich diese unaussprechlichen Namen, die er, nahezu immer, korrekt niederschrieb. Er freute sich an der lebendigen Unterhaltung und unkomplizierten Art, doch seien wir sicher: er wird kein Wort darüber verraten haben, was er einstmals, ein Menschenalter zuvor, hierüber gedacht hatte. Daß nämlich das Verschwinden der polnischen Rzeczpospolita eine historische Notwendigkeit, nein – im Grunde sogar ein Segen für das alte Europa gewesen war. Mithin ein Ärgernis weniger auf Erden. Punktum.

So hart hatte er darüber geurteilt. War Kanzler Müller nicht Zeuge? Dann eben wer andres.

Doch das war schon alles damals gewesen, im zurückliegenden Jahrhundert. Jetzt saß man beim Tee in Marienbad und schrieb das Jahr eintausendachthundertzwanzigunddrei.

Als Maria Piano zu spielen begann, setzte Goethe die Tasse ab und unterbrach ein Gespräch. Danach, am Ende des Spiels, bat er einen der anwesenden Herren darum, vorgestellt zu werden.

Schon am selben Abend begann er zu schreiben.

Der 16. August: »Verse für Madame Szymanowska. Um 4 bei Madame MSz.«

Der 17. August: »Noch eine weiterer Vers –«

Der 18. August: »– die Verse endlich beendet.«

(»Gott, ist sie schön!«)

Allerdings, noch war dies alles gewissermaßen mit der linken Hand geschrieben. Die rechte nämlich versuchte eben der letzten (erst der ›letzten‹ wohlgemerkt) Liebe habhaft zu werden. Der Großherzog von Sachsen-Weimar-Eisenach, Durchlaucht, Höchstderoselbst in Person, überbringen Anfang September in Karlsbad Ulrike von Levetzow den Antrag seines greisen Freundes, einen Antrag, den das achtzehnjährige Mädchen (Goethe nennt es ›mein Kind‹) geschmeichelt, gerührt, erschrocken – ablehnt.

»MSz und Schwester überraschend bei mir.«

Von Marienbad nach Karlsbad kam sie, um ihn zu sehen. Das war kein Ausflug, das war eine Reise. Vielleicht gab sie dort ein Konzert? Nein, sie gab kein Konzert. Sie hatte da in Marienbad etwas gefunden, und sie wußte, er brauchte jetzt Zuspruch und Trost.

»Am 7. September: Madame MSz schenkt mir einen hübschen Teller.« Ganz sicher war der aus böhmischem Glas. Nur: Glück und Glas – Goethe kehrt sehr ernst nach Weimar zurück. *Die* Seite des Lebens, scheint es, ist nun endgültig umgeschlagen. Ulrike hat er nie, niemals wiedergesehen.

»Hah!« triumphiert Szenic. »Wohl aber Maria!«

Und damit hat er recht. Allen verdrießlichen Germanisten und andersgläubigen Forschern am Hochstift zum Trotz hat er recht.

Am 23. Oktober sucht sie ihn in Weimar auf. Der Kanzler von Müller hat in der Zwischenzeit sich vieles über sie anhören müssen. »Sie ist so schön –«

Daß sie auch trefflich das Pianoforte zu schlagen weiß, erfährt Kanzler von Müller erst sehr viel später. Eher beiläufig. »Trotz ihres hinreißenden Spiels wünsche ich mir immer, sie hielte inne und spräche –«

Und spräche. Mag sie danach weiterspielen.

»Ihre Augen –«

Über ihre Augen kann er lange reden. Andere Durchreisende, Verehrer, selbst die sehr hochgestellten, müssen versuchen, wo sie den Dichterfürsten irgendwo bei Hofe zwischen Tür und Angel erwischen. Es konnte auch im Park sein oder in der Hofloge.

»Versuchen Sie's nur immer!«

Viele sind ob dieses kurzen Interesses, das sie finden, verletzt und schreiben enttäuscht böse Tagebücher. Maria und ihre Schwester hingegen zieht er täglich zur Tafel. Kaum hatten sie nach ihrer Ankunft Zeit, den Reisestaub durch Puder zu ersetzen und die Kleider zu wechseln, da klopfte es das zweite Mal an die Tür: »Die Equipage Seiner Exzellenz ist vorgefahren.«

»Am Abend Empfang.«

Man war ständig unterwegs in Weimar.

»Madame MSz und Schwester zu Ehren«, steht in der steilen Schrift im Tagebuch. Schon wieder die Hatz mit den Kleidern und Orden.

Jeden Mittag werden von nun an bei Tisch zwei Gedecke mehr aufgelegt. So am 25. wie am 26.

»Am Abend Konzert. Sie trug ihr Himmelblaues mit schwarzem Besatz. Ihr Haar fiel lang.«

Ein Engel schwebte über die Tasten.

Am 28., am 29., am 30. und am 31. – immer dasselbe. Der Monat Oktober war damit zuende, er ging nicht mehr weiter. Ein neuer Monat beginnt, und wieder ist's das gleiche.

»Die Schwestern zu Mittag.«

Dank Siebeck weiß ich, es gab dort ständig die berühmte Frankfurter Grüne Sauce aus hartgekochten, kleingehackten Eiern.

»Was schreibe ich nur in ihr Album?« beunruhigt er am 3. sein Tagebuch.

Staunend, vorher bei der Abendgesellschaft, hatte Eckermann sie beieinandersitzen gesehen. Goethe erschien ihm so aufgeräumt wie schon seit langem nicht mehr.

»Eckermann, sie ist nicht nur eine große Virtuosin – nein, nein, sie ist zugleich eine schöne Frau!«

Als ob Eckermann keine Augen hätte.

»– eine sehr schöne Frau!«

Eckermann nickt.

Die nächste Flasche Malvasier, die der Geheimrat aus dem Keller befiehlt, öffnet er selber, schenkt auch selber ein.

Die Verse fürs Album, am Abend gleich noch hingeschrieben, fließen so schnell aus der Feder, daß er sie mit dem Ärmel des Schlafrocks verwischt. Die Verse hat sie alle mit auf ihre Reise genommen, sie aber außer ihrer Schwester niemandem gezeigt. Wir kennen sie nicht. Aber das ist ganz sicher: zwischen allen acht Zeilen stand ›Liebe‹.

»Das letzte Mittagessen mit den Schwestern.«

Das Kalenderblatt zeigt den 4. Oktober an. Am anderen Tag muß sie reisen. Die Feder in der Hand, geht er abends noch einmal die Verse durch. Doch, so kann es stehenbleiben. Mit einem Lächeln schläft er ein, aber mit diesem Lächeln wacht er nicht auf. Niedergeschlagen, zerstreut und mürrisch geht er durch das Haus. Dort stolpert er über eine Stiege. Fast wäre er gefallen.

Am Spätnachmittag ist er ins Schloß befohlen. Der Großherzog empfängt Maria und die Schwester zu einer besonderen Abschiedsaudienz. Goethe hält sich im Hintergrund, bleibt halb von einer Säule verborgen. Noch nie – denkt er – hat er etwas Zauberhafteres gesehen. (Ach, das Gedächtnis! klagt er jetzt oft.) In Schwarz – es war Hoftrauer in Weimar – schwebt Maria in den Thronsaal. Neben sich die unvermeidliche Schwester und, vor ihnen weg, am goldenen Stab, der Hofmarschall.

»Der weiße Schal war über das locker fallende Haar geworfen. Zwei weiße Rosen steckten in ihrem goldenen Haarreif.«

Ist sie schön!

Er lehnt seine Stirn an eine Säule. Ohne ihn dort zu bemerken, gehen die Schwestern an ihm vorbei aus dem Saal. Wohlmöglich kehren sie nicht mehr zurück? Er eilt ihnen nach. Viel zu langsam – man ist nicht mehr fünfundsechzig.

Und er steht allein im Park. Von den Kastanien fallen die letzten Blätter.

»– Sie fallen wie von weit, als welkten in den Himmeln ferne Gärten.«

Das ist zwar von Rilke, aber was schert das ein Beamtenkind in solch einem Augenblick.

Ärgerlich winkt er einem Diener.

»Exzellenz?«

Er zeigt auf den davonrollenden Wagen. Ein Leibjäger soll aufsitzen und ihnen nachreiten.

Und dann kommt sie tatsächlich zurück. Seit einer halben Stunde schon steht er ungeduldig im Halbdunkel seiner Bibliothek und sieht durchs Fenster nach draußen. Die Buchenhecke, obgleich fast schon kahl, verdeckt ihm die Sicht auf die Straße. Wäre er fünfzig, dreißig oder wenigstens zehn Jahre jünger – er würde sich niederknien, um über das Fensterholz unter der Buchenhecke hindurch auf die Allee sehen zu können. Denn von dorther, von links mußte sie kommen. Er versucht es, dann läßt er es doch lieber sein. Nebenan, weiß er, steht der Sohn August am Fenster, gleich neben ihm Ottilie, sein Weib. Ein muffiges, ein steifes, ein stumm gewordenes Ehepaar.

»Alte Leute!« denkt er. Die mit Unruhe ihr Erbteil bewachen. Mein Gott, solche Gesichter wie neulich nach dem unglücklichen Antrag an Ulrike will er in seinem Hause kein zweites Mal mehr sehen!

Da endlich die Kutsche. Er hört das Schleifen der Bremsen und sieht auch den Regen auf dem schwarzledernen Dach. Mit beiden Händen hält er sich an der Gardinenquaste fest. Als er Maria unten in der Halle weiß, geht er ohne ein Wort für die beiden nebenan zu den Gästen.

»Zum Abschied möchte ich mich bei Ihnen bedanken, Madame.« Er beugt sich über die Hand. Eine Kinderhand, denkt er. »Niemals werden wir uns –«

Hier unterbricht sie ihn und will kein Wort des endgültigen Abschieds. Sie werde sich den Traum eines Wiedersehens bewahren, meint sie.

»Aber ich – ich in meinem Alter?« sagt er nachdenklich.

Die anderen lachen, alle sehen die Träne.

Wortlos schließt er die Schwestern in die Arme. Maria sehr viel länger.

Am anderen Morgen, wissen wir, bleibt er im Haus. Am Tage darauf bricht er zusammen. Die alten Herzbeschwerden kehrten zurück.

»Die Leidenschaft bringt Leiden.«

Hatte er dies Maria nicht mal geschrieben?

Das kleine Beamtenkind sollte in seinen Deutschstunden mit dieser Geschichte äußerst vorsichtig umgehen. Sie könnte sich bei den Nachfolgern des Oberlehrers Pöppinghaus noch nicht herumgesprochen haben. Selbst im Goethe-Jahr nicht.

Über den Nachruhm

Es war in jener fernen Zeit, in der das Deutsche Reich noch von den in vielerlei Uniformröcke gekleideten königlichen, großherzoglichen, herzoglichen, fürstlichen und freihanseatischen Beamten administriert wurde, als im Schwarzburg-Sonderhausenschen ein Erster Minister amtierte, der, wie er selbst meinte, sehr viel Gutes für das kleine Land getan hatte. Und da man das Gute bekanntlich nicht nur tun, sondern auch laut vernehmlich davon sprechen soll, so redete der Minister recht viel von seinen vortrefflichen Taten.

Am liebsten sprach er darüber mit seinem Persönlichen Referenten, wenn der bei ihm saß, und den er sich seit einigen Jahren hielt, so wie sich in den noch älteren Zeiten die Fürsten ihren Narren gehalten hatten – als hochgeschätzten Ratgeber und zu allerlei Kurzweil.

Man muß nun freilich nicht denken, daß ein jeder Persönlicher Referent ein Narr ist oder es war – Gott beileibe nicht! Denn um ein Fürstlicher Narr zu werden, dazu bedurfte es weit mehr als einer Schellenkappe und einer verwachsenen Statur. Nein, dazu mußte man sehr weise sein. Außerordentlich weise sogar.

Dieser Persönliche Referent des Ersten Ministers war nun gar nicht krumm, und schief war er ebenfalls nicht, gleichwohl in ganz ungewöhnlich hohem Maße weise, und so sagte er eines Tages, als der Erste Minister ihn einen vollen Vormittag lang mit den guten Werken gelangweilt hatte: »Das war gewißlich alles sehr wohl bedacht, Exzellenz, indes – verzeihen Sie bitte, daß ich dies so sage – ich glaube, Exzellenz sollten anfangen, daran zu denken, alsbald dahinzuscheiden.«

Der Erste Minister verstand nicht sogleich, was sein Persönlicher Referent von ihm wollte, deshalb fragte er: »Wie meinen Sie das, mit dem Dahinscheiden?«

Der Persönliche streckte nun seinen rechten Zeigefinger hoch und hielt ihn in den Himmel: »Exzellenz sollten sich dort obenhin zurückziehen.« Er sagte dies, ohne dabei den Ersten Minister anzusehen.

Der Minister, der gerade mit bestem Appetit eine gebutterte Pistazie beroch, der sich mitten in der freundlich wärmenden Sonne fürstlicher Huld wähnte, der beim Glockengeläut des letzten Sonntags Jubilate seinen achten Sohn getauft hatte, und der selbst über die ehelichen Gatter hinweg noch manch frisches Hälmlein raufte, erschrak doch sehr, als er seinen Persönlichen Referenten so reden hörte, und dann wurde er zornig.

»Mein Herr!«, donnerte er hochroten Gesichtes los, »Mein junger Herr! Was unterstehen Sie sich, derart zu sprechen? Krepieren soll ich, *ich* der Erste Minister dieses Landes soll *Ihnen* zuliebe krepieren!«

»Ergebenste Verzeihung, Exzellenz!« verneigte sich der Persönliche Referent, der ein wenig blasser wirkte als gewöhnlich. »Ich sorgte mich nur um Euer Exzellenz Nachruhm, der mir, wie es steht, leicht zu wackeln deucht.«

»Was reden Sie da für eine Tollerei, Sie Narr – Sie Persönlicher Referent!« verbesserte sich die Exzellenz schnell. »Sind Sie bei Sinnen?«

»Bei Sinnen? O ja«, lächelte der Persönliche Referent, die kleine Anspielung überhörend. »Ich dachte nur daran, wie sehr sich Exzellenz wünschen, daß einst das Wipperufer zwischen der Elisabethbrücke und dem Maximilianstor den Namen Euer Exzellenz trägt, daß sich Exzellenz Stadtpalais in das erste deutsche Büromöbelmuseum verwandelt und und daß –«

»Aber selbstverständlich wird es das!« schrie der Erste Minister und warf die Pistazie kaum angegessen in einen kostbaren Rollschrank.

»Ja wird es das wirklich?« fragte der Persönliche leise.

Er dachte nämlich an gewisse Einzahlungen auf das Privatkonto des Ministers bei einer kleinen Genfer Bank, dann an einen Seegrundstückkauf im russischen Wolhynien und auch an jene ›Douceurs‹ genannten Zuwendungen an fünf Landtagsabgeordnete der sich ungemütlich regenden Opposition.

»Ja, wird es das?« wiederholte er nachdenklich, aber der Erste Minister hatte die Frage seines Persönlichen Referenten schon nicht mehr gehört – voll dampfenden Zorns war er hinaus auf den Balkon seines hübschen Palais' getreten und zerriß dort die blühenden roten und weißen Tulipane in klitzekleine Stücke.

Der Rest der Geschichte ist rasch erzählt: der Erste Minister schlug den Rat seines Persönlichen Referenten, sich den Nachruhm zu sichern, in den Wind, ein weiteres Jahr amtierte er in dem kleinen Ländchen, dann las, hörte und tuschelte man landweit das Wort ›Korruption‹. Die Fürstliche Durchlaucht, der dies schließlich zu Ohren kam, beschaffte sich über, wie es hieß, ›befreundete Höfe‹ die notwendigen Bankauszüge und Grundbuchbelege und bat dann um einige Erläuterungen, die der Erste Minister voller Scham sattsam erteilte. Der Fürst, die Fürstin, der ganze kleine Hofstaat waren von dem, was sie da erfuhren, auf das Tiefste betroffen.

Am anderen Tage bereits, es war wieder der Sonntag Jubilate und wiederum läuteten alle Glocken, gab es einen neuen Ersten Minister, das Wipperufer hieß nun weiterhin Wipperufer und das Stadtpalais des ungetreuen Mannes wurde zugunsten der Fürstlichen Schatulle eingezogen. Es währte nicht mal ein Jahr, da hatte man ihn überall vergessen.

Sein Persönlicher Referent hingegen setzte sich, kaum arbeitslos geworden, an ein dickleibiges Buch, das später viel Lob und Preis auf die Wissenschaften des Fürstentums ziehen sollte.

›Großer Politiker, Staats- und Kriegsminister Glücks- und Unglücksfälle‹ nannte er dieses Buch, in dem von den Zeiten des Grafen Essex, des Marschalls d'Ancre und des unglückseligen Struensees an bis hin zur Unperson des in ein tiefschwarzes Loch des Vergessens versunkenen früheren Ersten Ministers bewiesen stand, welch eine Gefahr darin lag, den eigenen Ruhm zu überleben. Und weil nun nicht wenige Präsidenten, Minister und andere regierenden Herren sich oft in der Nacht um ihren Nachruhm sorgten, so liehen sie sich das gewichtige Buch heimlich bei ihren Persönlichen Referenten aus, um es in der Verborgenheit der Kabinette zu lesen.

Doch den weise bedachten Rat, sich zum Wohl ihres Nachruhms zur rechten Zeit davonzumachen aus dieser Welt, schlugen sie fast alle so leichtfertig in den Wind, wie jener Erste Minister.

Daher kommt es, liebes Beamtenkind, daß so viele Flußuferpromenaden an der Spree, Weichsel, Moskwa und am Potomac – selbst am Rhein – noch immer ihre uralten ehrlichen Namen tragen. Vielleicht ist das ein Grund, sich dessen zu freuen. Vielleicht aber auch nicht?

10
10
138
139

Aus Deutsch-Südwest

Ein Mann sehr vieler Worte war der pensionierte Postoberschaffner Josef Büjeliese gerade nicht. Fragte man den alten Mann, ob denn sein biblisch langes Leben nicht märchenhaft und voller Zauber gewesen sei, so pflegte er nachzudenken, um dann zu meinen: »Äh nä! Wissense, juter Häär – nä, nä!«

Aber hört jemand, der Büjeliese Jupp sei bereits im Jahre 1913 mit damals achtundzwanzig Jahren aus ›Krankheitsgründen‹, wie es hieß, pensioniert worden, und daß derselbe Büjeliese, so krank wie er damals geschrieben worden war, noch im Jahre 1982 rüstig Tomatenstauden hochbindet und seine Tulpenzwiebeln vermehrt, so kann der gar nicht anders als staunend sagen: »Wie sagenhaft – *so* ein Leben!«

Dabei war es sagenhaft nur ganz zu Beginn gewesen. Im März 1906, gleich nach dem Schulabschluß, hatte der junge Josef Büjeliese bei der Kaiserlichen Deutschen Reichspost angefangen. Zuerst mußte er in Dölln und in Döllns Hinterland Briefe, Pakete und Päckchen zustellen, doch fühlte er bald, daß dies für sein einziges Paar Füße auf die Dauer nichts war. Kurz entschlossen bat er um die Versetzung zur Kolonialpost, wo man gerade eben damals in Deutsch-Südwestafrika einen tüchtigen Postschaffner suchte. Ein paar Jahre Schalterdienste saß er in Windhuk ab, dann wurde er zum Postoberschaffner befördert und als Postchef nach Plastyckboom geschickt, einem welken Ort am Eingang der Wüste Kalahari.

Dieses Plastyckboom bestand damals im Grunde aus wenig mehr als aus einem vierarmigen Wegweiser, der auf das Postamt, die Wüste und zwei Wirtshäuser zeigte, das ›Alpenglühen‹ und das ›Zum letzten Treck‹.

In Plastyckboom stand er nun, Döllns Büjeliese, das ganze Jahr hindurch, leicht vornüber gebeugt vor seinem hölzernen Stehpult, die täglichen Dienststunden einhaltend, die dieselben waren in Dölln, Plastyckboom, Tsingtau und Deutsch-Samoa. Stück- und bogenweise verkaufte Büjeliese seine vielfarbigen ›Germaniamarken‹, die man ihm aus der Heimat in großen Bogen zugeschickt hatte, wobei allerdings von keinem Menschen dort bedacht worden war, daß die rückwärtig angebrachte Gummierung in der Wüstenhitze rasch verlief und verklebte. Deshalb mußte sich Büjeliese nach Dienstschluß oft lange Stunden daransetzen, um mit einer Schusterahle die Perforation einzeln nachzustechen, bis daß die vielen tausend Löchlein wieder da saßen, wo sie laut Reichspostgesetzgebung hingehörten.

Auch am 13. April 1913, einem Freitag dazu, lehnte der Postoberschaffner Josef Büjeliese an seinem Stehpult hinter dem Schalter des Postamtes von Plastyckboom. Doch viel Kundschaft ließ sich an diesem Tag nicht blicken.

Was nun tut ein deutscher Beamter, wenn er nichts zu tun hat? In erster Linie schaut er sich natürlich seine eigene Gebrauchsanweisung an. So hielt es auch der Postchef von Plastyckboom. Er las sich die Dienstordnung der Reichspostbediensteten zweimal aufmerksam durch, anschließend nahm er sich die Reichspostgebührenordnung vor und addierte in ihr die wichtigsten Gebühren zu Quersummen zusammen.

Mit beiden Verrichtungen war der Büjeliese Jupp mal eben fertig geworden, als er mit einigem Schrecken, der ihm den Atem kurz stocken ließ, bemerkte, daß in der fünftobersten Reihe des grünen Zehnpfennigmarkenbogens, den er als letzten perforiert hatte, eine Germania vergessen haben mußte, ihren schmiedeeisernen Brustpanzer und anderes mehr anzulegen.

Büjeliesens aufmerksame Augen sahen, daß das, was sich sonst immer unter dem Panzer scheu verborgen zusammenzuzwängen pflegte, hier plötzlich entfesselt und munter und etwas locker über die florale Umrandung der Marke hinwegschoß.

»Jessusmarjosef!« brach es aus Büjeliese hervor. Feuchtkalt lief es ihm den Rücken hinunter und wohlig warm wieder hinauf. Sogleich stülpte er die gewölbte Hand über die Marke, dann sah er mit erschrockenen Hasenaugen um sich. Erst als er sich vergewissert hatte, daß er unbeobachtet war, zog er aus der Schreibtischschublade ein Rasiermesser hervor, mit dem er zuweilen seine Butterbrote zu zerteilen pflegte, das sonst aber keine bestimmte Funktion mehr besaß. Er klappte es auf und löste, seine Hand zitterte ihm dabei, die anstößige Marke aus ihrer Umzahnung. Das bunte Papier schob er sich, weil er nicht wußte, wohin damit, zunächst einmal in die linke Brusttasche seiner Uniform. Doch sofort dachte er: »Mensch, das ist doch Unterschlagung!« deshalb kramte er sie, zusammen mit den Krumen eines vergessenen Zweitfrühstücksbrots, wieder aus der Uniformtasche hervor. Markenoberseite etcetera nach unten gewandt, legte er sie in eine graue Mappe ab. Er war fest entschlossen, das Verhalten der Marke ein paar Tage lang zu beobachten, um gegebenenfalls einen Vorgang anzulegen und amtlich über das Geschehen zu berichten. Außen oben links mit dünnen Bleistiftstrichen beschriftet (»Germaniamarke – Zehn Reichspfennige, hier: Asservat«), wurde das unheimliche Stück bunten Papiers in den Postsafe geschoben.

Doch wie erschrak Büjeliese, als er von seinem hölzernen Stehpult auf den Markenbogen herabschauend feststellen mußte, daß er in der panischen Eile des Heraustrennens der Marke die falsche, nämlich eine gänzlich korrekt gepanzerte Germania erwischt haben mußte. Oder war die nachlassende Sehkraft schuld? Jedenfalls entdeckte er unterhalb des klaffenden Lochs, das er in den Markenbogen geschnitten hatte, dasselbe ungezügelt bloß wogende Phänomen, das er zuvor bemerkt zu haben glaubte und nun im Safe wähnte.

»Ratsch!« Schon umfuhr das Schabmesser auch diesen Fehldruck, um ihn zu entfernen.

An jenem Sommermorgen traf es sich gut, daß sich der Publikumsverkehr der lastenden Hitze wegen nur langsam entwickelte, so daß Büjeliese nicht zögerte, das Pappschild »Vorübergehend nicht besetzt!« vor die Schalterwand zu hängen. Einige Ovambos, die sich in der ihnen auf den Missionsschulen anerzogenen Demut erst nach einer Stunde Wartens trauten, scheu an die Metallumrandung des Schalterfensterchens zu tippen, wurden mit einem barschen: »Kannst du nicht lesen?« beschieden (denn Schwarze wurden selbstverständlich auch damals schon geduzt).

Geduldig, gleichwohl ein wenig verwundert, sahen die hier nur ›Mohren‹ genannten Postkunden dem seltsamen Treiben ihres Postchefs zu, der eine Marke nach der anderen aus der Bogenmitte herausschnitt, wobei er sich bei jeder, die er in den Safe schob, die Entnahme aus dem Tagesbestand bescheinigte und Ort, Zeit und Grund von Öffnung wie Schließung des Behältnisses in einem eigens dafür zu führenden Kontrollheft attestierte.

Endlich war vom ersten Bogen grüner Germaniamarken nichts als der schmale weiße Rand übriggeblieben. Die Reihe der wartenden Postkunden hatte unterdes die Straße erreicht. Die Mittagszeit kam und ging vorbei, ohne daß das Postamt Plastyckboom wie sonst mittags geschlossen wurde. Elf Bogen zu einhundert Marken waren in ihre Einzelteile zerlegt. In immer rasenderer Eile umfuhr das blanke Messer den linken bloßen Busen, wirr züngelndes Haupthaar, rechten Busen, die Unterschrift. Die bunten Wertschnitzel türmten sich, in grauen Mappen asserviert, im Safe auf allen vier Etagen, aber in seinem verzweifelten Kampf gegen die Fehldrucke sah Büjeliese das Ende nicht näherkommen.

Die Ovambos begannen, sich als schwarze Schlange um die Posthalterei aufzuwickeln. Dunkelheit und Abendkühle setzten ein. Nicht gering war die Verwunderung der aufs ›Alpenglühen‹

und zum ›Letzten Treck‹ zustrebenden weißen Farmer, als sie sahen, wie sich ein sanft palavernder, strickender, stillender Mohrenwurm sechsfach um das Postamt von Plastyckboom gelegt hatte, in dessen Schalterhalle, obgleich es nun auf neun Uhr zuging, noch immer Licht brannte.

Ohne jede Erklärung schob man die innerwärts stumm protestierenden Ovambos beiseite, damit man sich zum Schalterfenster vordrängeln konnte. Dort stand man dann, die behaarten rosa Unterarme auf die Büchsenläufe aufgestützt, und sah staunend an, wie hinter dem Gitter der Postoberschaffner Josef Büjeliese mit einem schwarzgriffigen Schabmesser lauter Löcher in die Briefmarkenbögen schnitt, jeweils mit einer Marke zwischen Daumen und Zeigefinger der rechten Hand aufsprang und zum Safe lief, der, nach Quittierung, geöffnet und, nach erneuter Quittierung, wieder zugeworfen wurde, wonach sich der Postchef, wiederum mit dem Messer in der Hand und schauerlich mit den Zähnen mahlend, auf die nächste Germaniamarke stürzte.

Über dieses schlimme Begebnis wurde unverzüglich nach Windhuk und Berlin Bericht erstattet und um Ablösung des Herrn Joseph Bügeleisen nachgesucht, was im Namen SM. des Kaisers ebenso rasch wie huldvoll gewährt wurde, nur daß dies zwar das Problem für Plastyckboom löste, keineswegs aber für die Kaiserliche Post. Denn wann und wo auch immer der Büjeliese Jupp von nun an – und sei dies aus der allergrößten Entfernung – eine Germaniamarke zu sehen bekam, begannen seine Augenbrauen seltsam zu zucken, die rechte Gesichtshälfte verschob sich gierig zur linken hinüber, die Lippen warfen sich feucht auf, und der Postoberschaffner begann, weithin vernehmbar fürchterlich mit den Zähnen zu knirschen, so daß die ängstlicheren Postkunden seinen Schalter mieden und sich lieber vor den anderen Fensterchen anstellten.

Jeh nu – was kann eine Postverwaltung eigentlich mit einem Beamten anfangen, der beim Anblick von Briefmarken das Zittern bekommt? Die Kaiserliche jedenfalls ratschlagte sorgfältig und versetzte dann den Postoberschaffner J. Büjeliese in den vorzeitigen Ruhestand.

In jener Ruhe, zurückgezogen und im Schatten der Windmühlenflügel von Dölln, begann der Postoberschaffner a.D. Tomaten und Tulpen zu züchten. Siebenundneunzig Jahre alt ist er geworden dabei und kein Beihilfeantrag deutet darauf hin, daß die für ihn zuständige Pensionskasse die Personalakte Büjeliese so alsbald schließen könnte. Zum seltenen Fest der Eisernen Pensionierung hat ihm der Herr Bundespräsident sogar ein kleines Verdienstkreuz überreichen lassen.

Man hat es ja gelesen – dem Bundesrechnungshof und den Landesrechnungshöfen fallen immer wieder die Fülle von Frühstpensionären in hohen und höchsten Ministerialrängen auf. Doch niemand weiß so recht, was die wohl Schlimmes erlebt haben. Vielleicht möchte das Beamtenkind dies wissen? Dann sollte es sich auf die Berichte der zwölf deutschen Rechnungshöfe abonnieren. Es wird seinen trüben kleinen Augen nicht trauen wollen. Ja, staunen wird es da!

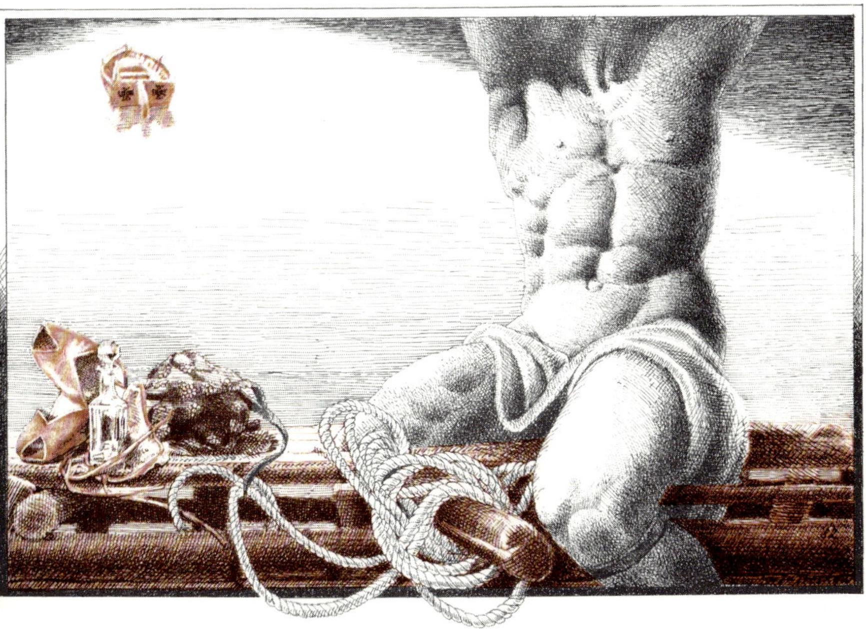

Darüber, wie einmal einem Konkubinat gesteuert wurde

Wer vermag schon all die Tränen zu zählen, die in Alkoven und Küchen über jenes Königskind vergossen wurden, das zum Boden des Meeres sank, weil das Wasser viel zu tief war. Die böse Alte, die das verschuldet hat, läuft bis zum heutigen Tage herum und sorgt, in stets wechselnder Gestalt und Verkleidung, dafür, daß noch so manch ein anderes Königskind, das sich zu seinem anderen Königskind aufgemacht hat, es nie, nie erreicht.

Da lebte doch einmal im alten Preußen, ganz dicht vor der russischen Grenze, der heute längst vergessene Herr von Duow, der liebte eine Pfarrersfrau. Er liebte sie nun so auffällig, daß sich der Pfarrer mit dem Segen aller seiner bestürzt nickenden Oberen und Unteren mir nichts, dir nichts scheiden ließ, worüber aber der junge Gutsherr, der von Duow, und die Predigersfrau so vergnügt wurden, daß sie sich, ohne weiter zu zögern, in die Arme fielen und noch im Fallen die Vorhänge ihres Schlafgemaches herunterzogen. Und heruntergezogen blieben die Vorhänge dreißig Tage und dreißig Nächte, denn so lange währte es nämlich, bis sich die zwei aneinander ihren ersten Hunger gestillt hatten, und akurat dreißig Tage dauerte es auch, bis der »Die Rache ist mein!« röchelnde Pfarrherr, das Kirchenkonsistorium und der Minister des Innern – kurzum, die gesamte Köngliche Obrigkeit nach umständlichen Verhandlungen ein Papier verfaßt hatte, das sie ›Rescript die polizeiliche Einschreitung gegen verbotene Konkubinate betreffend‹ überschrieben und in dem nachfolgendes stand:

»Der Bericht, welchen die Königl. Regierung unterm 1. Oktober v.J. in Gemeinschaft mit dem Königl. Konsistorium in Betreff des Antrags des Predigers N. auf Entfernung seiner geschiedenen Ehefrau aus dem Dorfe, an den Herrn Minister der geistlichen etc. Angelegenheiten erstattet hat, ist von Sr. Exzellenz mit dem Wunsche hierher mitgetheilt worden, daß auf einen freiwilligen Entschluß des Gutsbesitzers D. und der separierten N., ihr Verhältnis zueinander aufzugeben, hingewirkt werden möge. Dies hat Veranlassung gegeben, die von der Königl. Regierung in bezug auf das Verhältniß jener beiden Personen gemachten Anträge anderweit in Erwägung zu ziehen, worauf Derselben nunmehr Folgendes zu erkennen gegeben wird.

Die Allerhöchste Kabinetts-Ordre vom 4. Oktober 1810 bezweckt nichts anders, als den Konkubinat zwischen solchen Personen zu untersagen, denen die Ehe wegen begangenen Ehebruchs verboten worden ist. Aus diesem Grunde ist die Königl. Regierung allerdings nicht blos berechtigt, sondern auch verpflichtet, nicht zu dulden, daß ein solches verbotwidriges Verhältniß zwischen dem etc. D. und der separirten N. stattfinde.

Die Entscheidung der Frage, ob ein Konkubinat zwischen diesen beiden Personen vorhanden sei, muß zwar nach gehöriger Prüfung der obwaltenden Umstände der pflichtmäßigen Beurtheilung der Königl. Regierung überlassen bleiben; es ist aber richtig, daß *der* Umstand, daß die etc. N. eine besondere Wohnung hat, die Existenz eines Konkubinats an und für sich noch nicht ausschließt.

Sollte nun ein solches Verhältniß wirklich angenommen werden müssen, und es darauf ankommen, die Fortsetzung desselben von Polizei wegen zu hindern, so erscheint doch um deswillen allein die Wegweisung des einen Theils aus dem Orte noch nicht gerechtfertigt; vielmehr muß alsdann nach Maßgabe des bei Exekutionen auf Unterlassungen vorgeschriebenen Verfahrens beiden Theilen die Aufgabe des gesetzwidrigen Verhältnisses bei namhafter Strafe untersagt, und diese Strafe eintretenden Falles festgesetzt und vollstreckt werden.

Erst dann, wenn dieses Mittel sich als fruchtlos erwiesen, und die Königl. Regierung die Überzeugung gewonnen haben sollte, daß dadurch dem Konkubinate *nicht* gesteuert werden *könne*, bleibt nichts übrig, als andere geeignete Maßregeln zu ergreifen, um letzterem ein Ziel zu setzen.

In diesem Falle nun finde ich, in Betracht, daß die Verpflichtung der

Behörde einen verbotwidrigen Konkubinat zu hindern, in dem Maße dringender wird, in welchem derselbe zum öffentlichen Ärgernisse gereicht, nichts dagegen zu erinnern, daß, um dem Gesetze Folge zu verschaffen, die etc. N. zur Wahl eines andern Aufenthaltsorts aufgefordert und angehalten werde.«*

Der Dorfpolizist wurde beauftragt, dem Herrn von Duow, Hochwohlgeboren, dieses Reskript amtlich zuzustellen. Aus Gefälligkeit, wie er sagte, in Wirklichkeit aber aus niedriger Rachsucht, bot der Pfarrer dem Polizisten an, ihn bei seinem Zustellgang zu begleiten.

Am Abend – ein zarter Nebelschleier ruhte schon über den Feldern, aber der Vollmond glänzte in der reichlichsten Fülle – zogen Polizist und Pfarrer vor das Gutshaus und schoben das Rescript unter der Tür des Duow hindurch, dann klingelten sie und liefen eilig davon, um vom nahen Waldrand her zu beobachten, was nun wohl geschehen würde.

Als erstes geschah einmal, daß im Schlafzimmer, danach auch auf den Fluren des Gutshauses Lichter entzündet wurden. Das eicherne Portal wurde weit aufgestoßen – (Polizist und Pfarrer entfuhr es gleichzeitig: »Der ist ja nackt!«) – und die beiden sahen, wie der Herr von Duow das Papier von der Schwelle aufklaubte. Er las es durch, hielt es dichter ans Licht, vielleicht, um das Siegel zu prüfen, und rief dann die muntere Pfarrerin hinzu.

»Hülf mir Gott, die ist ja auch –!« flüsterte der Pfarrer, der sich seine Gemahlin nie zuvor mal bei Lichte besehen hatte. Rasch drückte er die eine Hand vor die lüstern aufgerissenen Augen des Polizisten und die andere auf sein stürmisch schlagendes Pfarrersherz.

Wie erschrak er jedoch, als der junge Gutsherr plötzlich eine Flinte von der Wand riß, sich – aus bloßer Gewohnheit – einen Jägerhut auf den Kopf stülpte und in die Mondnacht hinaus-

* vgl. Annalen der Preußischen Inneren Verwaltung, herausgegeben durch K. A. von Kamptz, 21. Bd., Berlin 1837, S. 158 f.

stürmte, entschlossen, wie es schien, die Überbringer des Rescriptes meuchlings zu erschießen.

So rasch wie in jener Nacht waren Polizist und Pfarrer nicht mehr gelaufen, seit sie, in kurzen Hosen noch, gemeinsam bei den Ribbecks die Birnen vom Baum geklaut hatten. Flink wie die Eichkater waren sie beide – hüpf, hüpf – im durchnebelten Unterholz verschwunden. Platt drückten sie sich dort in das nasse Herbstlaub, als der Herr von Duow, im Zorn über die Obrigkeit, blindlings in den Wald hineinballerte.

Es war früh am nächsten Morgen, kein Hahn hatte noch gekräht, als die junge Pfarrersfrau vom duowschen Gut davonritt, lange bevor ein Landjäger vor dem Gutsportal Posten bezogen hatte, der aufpassen sollte, daß dem Rescript Genüge getan würde und der dann dort so einige Wochen in Nebel und Regen herumstand, bis es der Obrigkeit dämmerte, daß das muntere Vögelein längst ausgeflogen war.

Lustig und über alle Maßen vergnügt saß dies derweil am anderen Ufer jenes Flusses, der Preußen von Rußland trennte und wohnte in einem schönen Holzhäuschen, das ihr der Duow drüben gekauft hatte. Nacht für Nacht steuerte der seinen Fischersnachen an das andere Ufer und band ihn am Nagel eines Pfahles fest, bevor er auf dem Wege zur weiteren Sünde die steile Böschung erklomm.

Viele Male rissen sich nun die beiden alles das vom Leib, was sie an sich trugen, denn dreißig Tage dauerte es auch dieses Mal, bis sie sich glücklich müde geliebt hatten und dreißig Tage hatte es wiederum bedurft, bis der Zar im fernen St. Petersburg von dem Treiben an seiner Reichsgrenze erfuhr.

Nun vermag ein Zar, wie man weiß, sehr, sehr weit zu sehen und darum schrieb er in einen rotgesiegelten Ukas: »Bringt mir dieses Ärgernis etc. aus den Augen etc.« hinein.

So geschah es, daß am einundreißigsten Tag hinter den Bergen sieben Donkosaken hervorgeritten kamen. Flugs umstellten sie das Holzhäuschen am Flußufer und fingen an, so schön zu singen und die Balaleika zu schlagen, daß der Herr von

Duow berückt Vorhang und Fenster öffnete, um einmal nachzusehen, wer denn da draußen so hübsch musizierte.

Wie gräßlich aber geriet ihm seine Melomanie zum Verhängnis!

Der eine Donkosake fuhr ihm sogleich mit der Balaleika über den Kopf. Der zweite brachte den bewußtlosen Duow auf den Weg nach Sibirien. Der dritte Donkosake nahm sich alle Ringelein. Der vierte alle Kesselein. Der fünfte die zappelnde Pfarrfrau. Der sechste alle Bettelein. Und der siebente griff sich einen Kiefernspan und zündete das Haus in der Mitte an, da ihm eingefallen war, daß just heute das Namensfest des hochheiligen Iwan Mostomost zu begehen war.

So sprangen die sechs (der siebente ritt ja geradezu nach Sibirien) bis zum Morgengraun durch ein prächtiges Iwansfeuer – die Pfarrerin immer zwischen sich – bis sie allesamt stanken wie gesengte Spanferkel. Erst dann ließen sie von der arg zerzausten Pfarrfrau ab und zogen zurück hinter die Berge.

Doch obwohl die sechs Donkosaken, wie man sich denken kann, während des Umherhüpfens so mancherlei gesungen, gesagt und angerichtet hatten – keinem dieser unbeherrschten Burschen war es eingefallen, der armen Frau zu erzählen, daß sich der von Duow nun schon etliche Werst weit entfernt auf dem Wege nach Sibirien befand, und daß er daher am Abend nicht zu ihr gerudert käme.

So saß denn die Frau jede Nacht, die Gott werden ließ, am Ufer des Flusses, der Preußen von Rußland trennte, und blickte zur anderen Seite hinüber gen Westen. Und wenn sie nicht gestorben ist, dann sitzt sie dort noch heute – seit mehr als hundertsechsundvierzig Jahren.

Das Beamtenkind und seine kleine Konkubine werden wohl niemals die Vorhänge öffnen, wenn sie es draußen singen hören. Vor allem nicht, wenn es die Donkosaken sind.

FR

Über die preußische Staatsangehörigkeit

Es war mal groß gewesen, das Königreich Preußen. Über hunderte Meilen hinweg hatte es sich von der Maas bis an die Memel ausgedehnt, quer über Mitteleuropa hinweg. Aber es war arm, lange Zeit hindurch sogar sehr arm gewesen. So trug sein König auf dem Kopfe nicht etwa eine Krone mit vielen goldfunkelnden Zacken, sondern er trug einen Kuhlederhelm, aus dem lediglich ein einziger Zacken hervorragte, und selbst der war nur aus blankem Eisen. Dafür besaß dieser König scharenweise Soldaten, die, wie man sagte, dicht bei dicht gestellt den ganzen märkischen Müggelsee gefüllt hätten (ein typisch preußischer Schulmeistervergleich, dessen Wahrheitsgehalt man leider in keinem Manöver nachgeprüft hat).

Diese Unmassen Soldaten nun hatte der einzackige König von seinem Vater geerbt und der wiederum war an sie durch seinen berühmten Großonkel gekommen, doch so richtig leisten konnten diese Leute sich ihren See voller Soldaten erst, als man auf dem Wiener Kongreß das ganze Rheinland an sich gebracht hatte, mit Kohlenflözen, Waffenschmieden, einem unfertigen Dom, Heinrich Heine und der kleinen Stadt Dölln, wobei der König von den letztgenannten beiden anfangs nicht wußte, daß es sie gab und sie nun sein waren. Von Dölln jedenfalls erfuhren König und Königreich erstmals, nachdem am zweiten Adventssonntag des Jahres achtzehnhundertundfünfzehn ein rundlicher Mönch in brauner Franziskanerkutte von der Kanzel der katholischen St. Cornelius Kirche in Dölln heruntergestiegen war.

Die Geschichte, wie sie sich wirklich zugetragen hat, begab sich wie folgt: Ein Pater namens Franz – die Zeitgenossen nannten ihn künftig den ›Pater von Dölln‹ – hatte seine Adventspredigt über das ihm von der neuen Ordnung vorgegebene Bibelwort vom Kaiser, dem man fleißig geben soll, was des Kaisers ist, gehalten, zur großen Zufriedenheit eines zivilgekleideten Beamten aus der Hauptstadt, der hinten in der Kirche jeden Satz aus Pater Franzens Predigt mitgeschrieben hatte, wobei ihm ein Kollege aus dem Landratsamt bei der Übersetzung aus dem Rheinischen aushalf. Beider Aufgabe war es, der Militair- und Civilcommission in Düsseldorf auf dem kürzesten Dienstberichtsweg mitzuteilen, ob die neuen Landeskinder auch nicht vergessen hätten, dem unversehens preußisch gewordenen Herrgott einen sehr herzlichen Dank für das neue Regiment in den Himmel zu schicken.

Nachdem der Pater – nun schon weit jenseits des eher lustlos abgehandelten Kaisergroschenthemas – noch (primo) die grenzenlose Bos- und Sündenhaftigkeit beklagt hatte, die hier wie allerorten herrschte, und (secundo) soviel Sünde Gott nicht habe ruhen lassen, kam Pater Franz nunmehr an jener Stelle seiner Predigt an, die den wachen Gläubigen ahnen ließ, daß man jetzt dem ›Amen‹ sehr nahe war, während die dem Schlafe Verfallenen, vom Fußscharren der Nachbarn aufgeweckt, ihre lichtgeblendeten Augen eben in dem Augenblick auf die Kanzel richteten, als Pater Franz beide Arme weit ausbreitete und, in einer Wolke weißblauen Weihrauchs rudernd, ausrief: »Und somit sind wir denn durch Gottes Fügung und Ratschluß Preußen geworden –!«

Dem Mann am Taufbecken hinten zersplissen bei dem Wort ›Ratschluß‹ Rechtschreibung und Feder.

Nochmals pumpte der Pater tief Luft und donnerte dann über die geduckte Gemeinde hinweg: »– wessen wir um unserer großen Sünde willen auch verdient haben. AMEN!«

Mit dem tief aus dem Innersten strömenden Glanz, der das Antlitz eines Predigermönches zu verschönen vermag, der nur noch wenige Schritte bis zum Sonntagsmittagstisch im Pfarrhaus vor sich weiß, raffte Pater Franz seine paar Papiere vom Pult zusammen. Er stopfte sie sich in seine Kutte und stieg die Kanzeltreppe herab, wobei sich seine Stirn in tiefe Falten legte, als er darüber nachdachte, ob man ihm bei Tische wohl genügend Wein einschenken würde, da allzu kross gebratene Poularden ohne reichlich Wein –

Die Antwort auf diese existenzielle Frage sollte der Pater indes nie erhalten, denn am Ausgang der Sakristei empfingen ihn, noch recht verbindlich, gleichwohl mit unüberhörbar bedrohlichem Unterton, der Berliner Stenograph und sein örtlicher Kumpan und baten den »Herrn Pater« um einige »Erläuterungen«.

Nur der preußischen Humors ganz unkundige kleine Leser wird hiervon überrascht werden: die Erläuterungen konnten gar nicht zufriedenstellend ausfallen. Am Nachmittag um zwei bereits befanden sich der Pater Franz, ein Feldwebel und fünf Mann auf dem Weg in die nahe Festung Wesel.

Drum merke dir, liebes Beamtenkind – die Staatsangehörigkeit ist keine Strafe Gottes!

Klassenkampf

Der Klassenkampf findet, wie das Beamtenkind sicherlich weiß, in vielen verschiedenen Sälen statt, aber immerhin überrascht es doch, zu erfahren, daß er einstmals von einem Manne geführt wurde, den man in den einschlägigen Pasquillen nie für verdächtig hielt, sich der Errichtung und Verteidigung von Klassenschranken entgegenzustemmen. Es mag sein, daß nun das Beamtenkind im feuerroten Wams in Verlegenheit gerät, aber es handelte sich bei diesem Mann um keinen geringeren als den Herrn Minister des Innern und der Polizei, Exzellenz, des Königreichs Preußen. Dem war nämlich auf dem Dienstweg ein Bericht unter die Augen gekommen, der seinerzeit Herz und Gemüt des Volkes von Dölln aufs heftigste beschäftigte.

In der Vennskaule, hieß es in besagtem Bericht, in einer schmalen Gasse im Schatten der Windmühlenflügel von Dölln, hatte seit einiger Zeit ein gewisses Etablissement seine Pforte geöffnet, über der, etwas größer und dunkler und leuchtender als sonst gewohnt, eine rote Lampe in die Nächte hinausstrahlte. Größer und dunkler und leuchtender jedenfalls war diese Lampe als jene, die vor dem alteingesessenen kleinen ›Maisonettchen‹, wie es in Dölln hieß, gleich neben der Post brannte. Doch nicht nur das allein – auch die Aufgänge waren lichter, alle Zimmerchen schwüler und die schwellenden Pfühle meergrüner, und – weil alles auf der Welt seinen Preis besitzt – die Tarife der Mädchen gesalzener.

Der örtliche Königl. Polizeidirigent hatte sich das neue Etablissement pflichtgemäß besehen und dachte, mit sich scherzend, als er so freundlich zum Wiederkommen eingeladen worden war: »Wettbewerb macht Beine – zuweilen eben auch hübschere!« und setzte unter das eingereichte Konzessionsgesuch Unterschrift und rundes Amtssiegel.

Keine Woche dauerte es, und schon hatte die Konkurrenz im ›Maisonettchen‹ begriffen, was da lief. Hatten sich nämlich in dem streng klassenlos geführten Haus bislang die Herren aus allen Gesellschaftskreisen, wie man früher sagte, ›bewegt‹, so merkte der Maisonettchenwirt plötzlich an den Klagen der Mädchen, daß der Umsatz verfiel. Von den ›besseren‹ Herren verkehrte allenfalls mal ein hilflos um sich schauender Handelsgehilfe oder auf seiner Durchreise hastete ein eiliger Handelsmann vorbei, aber als schließlich selbst die auch noch ausblieben, da sann der alte Bordellier nach Abhilfe.

Eingedenk der Lesebuchgeschichte seines Söhnchens vom ›Müller von Sanssouci‹ sagte er sich: »Es gibt noch Richter in Berlin« und eilig verfaßte er eine Petition, die er gewissenhaft mit Umsatzkurven, Tabellen und Grundrißzeichnungen belegte.

Mit Express abgesandt, gelangte die Petition nach Berlin. Eine Weile wanderte sie dort zwischen den für Straßen- und Fremdenverkehr zuständigen Abteilungen des Königl. Ministeriums des Innern hin und her. Jeder der die Eingabe las, versäumte nicht, ein paar maßlos schweinische Bemerkungen auf den kleiner und kleiner werdenden Rand zu schmieren, bis das Schreiben endlich dorthin fand, wohin es nach dem Aktenplan gehörte – auf den Schreibtisch des Sittendezernenten Oberregierungsrat Uhsus, einem altgedienten Polizeimann, mit gefestigtem Sinn für Gerechtigkeit, Ordnung und Moral. Mit diesen selten glücklich gepaarten Eigenschaften begabt, sah sich der Beamte den ›Fall Dölln‹ aufmerksam an. Gleich darauf stellte er fest, daß man ihn, seiner erkennbaren Delikatesse wegen, keinem der jungen Mitarbeiter überlassen durfte, zumal es hier galt, in die gegen das neue Regiment dumpf anbrodelnde rheinische Volksseele nun nicht auch noch die Fackel des Klassenkampfes zu schleudern, der allenthalben wetterleuchtete.

Mit dem Rat und Beistand der ihm befreundeten größten Berliner Kapazitäten des Allgemeinen Landrechts verfertigte Uhsus einen Reskriptentwurf, den er »Mit der gehorsamen Bitte um Immediatvortrag, dem Herrn Minister des Innern und der Polizei, Exzellenz« vorlegte.

»Für so'n bisseken Puff is det ja een vorzüchliches Jedankenwerk, mein Lieba«, lobte ihn der Minister, dann tauchte er den Federkiel in grüne Tinte ein und unterschrieb.

Nicht nur das entlegene rheinische Dölln, sondern das ganze Königreich erfuhr anderntags aus dem Ministerialblatt das – wie dort stand – ›Rescript des Königl. Ministeriums des Innern und der Polizei an den Königl. Polizei-Dirigenten zu Dölln, die polizeiliche Gestattung von *Bordellen* betreffend‹*:

»Wenn der §.1001. des Allg. Landrechts Th.II. Tit. 20. bestimmt, daß die Bordelle nur mit ausdrücklicher Zulassung der Orts-Polizeibehörde angelegt werden sollen, so ist dadurch die letztere keineswegs von der Oberaufsicht der ihr vorgesetzten Behörden dergestalt entbunden, daß ihre Beschlußnahmen unbedingt gutgeheißen werden müßten; es unterliegen vielmehr diese Beschlußnahmen in diesem, wie in jedem anderen Falle, der Prüfung und Beurtheilung der höheren Instanzen, deren Pflicht es bleibt, die Versehen der Orts-Polizeibehörde, so weit es noch möglich ist, zu redressiren.

Die erste Frage, um die es sich handelt, ist daher die: ob die Orts-Polizeibehörde sich bei Ertheilung der fraglichen Erlaubniß ein Versehen hat zur Last fallen lassen? Dies muß bejahet werden. Denn sie hat das Bedürfniß eines Hurenhauses *für das höhere und gebildetere Publikum* angenommen, und eine solche Voraussetzung findet nicht statt. Der gebildetere Theil des Publikums soll dem roheren durch gute Gesittung, Achtung vor Ehrbarkeit und Anstand ein rühmliches Beispiel geben. Diese Verpflichtung folgt aus dem Anspruche auf edlere Bildung, und die Polizei muß sie zur Erreichung ihrer Zwecke mit allem Ernste geltend machen. Sie würde mit ihren Absichten in einen gar nicht zu

* Annalen der Preußischen innern Staats-Verwaltung, Herausgeber K. A. von Kamptz, 21. Band, Berlin 1837, S. 159 f.

rechtfertigenden Widerspruch gerathen, wolle sie hiervon entbinden, und der Immoralität der höheren Klassen dieselbe Nachsicht schenken, welche für die niederen Stände der Gesellschaft gerade nur durch den Mangel an Bildung motivirt werden kann. Aus diesem Grunde mag vor der Hand noch für die Bedürfnisse einer zahlreichen Klasse unverheiratheter Arbeiter, Taglöhner, Seefahrer u. dgl. hin und wieder in volkreichen Städten ein Bordell geduldet werden; für den gebildeteren, höheren Theil des Publikums kann es aber ein solches nicht geben, denn die Personen, die es besuchen würden, machen sich durch ihre Aufführung des Vorrechts verlustig, jenem Theile des Publikums zugerechnet zu werden, und sind mit der Befriedigung ihrer unreinen Bedürfnisse an die Orte zu verweisen, die man dem gemeinen Manne dafür offen läßt.

Indem die Polizeibehörde solche, von richtiger Ansicht zurückzuweisende Bedürfnisse anerkannte und für ihre Erledigung wirkte, befand sie sich also in einem Irrthume, den die vorgesetzte Behörde unwirksam zu machen verpflichtet ist.

Daß dies freilich nicht mit dem Schaden der Betheiligten geschehen darf, wenn diese durch das Verfahren der Behörde *wirklich Rechte erworben haben*, versteht sich von selbst.

Aus allen diesen Gründen muß es bei der von mir getroffenen Verfügung sein Verbleiben behalten; ich kann mich auch nicht bewogen finden, dem N.N., wie er solches hier unmittelbar nachgesucht hat, den Betrieb seines Gewerbes für einige Jahre zu verstatten, sondern Sie haben demselben bei Rückgabe des anbei zurückerfolgenden, von ihm eingereichten Kaufkontrakts zu eröffnen, daß er mit seiner Absicht, dortselbst ein Hurenhaus für die gebildeteren Klassen anzulegen, überall definitiv zurückgewiesen werde.

Ihnen Selbst muß ich schließlich noch mein Befremden über den Eifer zu erkennen geben, mit dem Sie Sich der Vertheidigung eines so mißlichen Gegenstandes unterziehen. Es hat vielleicht noch zur Zeit der Abfassung des Landrechts zweifelhaft sein können, ob nicht durch die Duldung beaufsichtigter Hurenhäuser der Ausbreitung des venerischen Übels entgegengewirkt werde; seit jener Zeit aber hat sich die Erfahrung darüber aufgeklärt, und die große Mehrheit der Stimmen hat sich darüber entschieden, daß die Existenz von Hurenhäusern nur die Unsittlichkeit befördert, *ohne* die Zwecke der Gesundheits-Polizei zu erleichtern. Von der Errichtung eines Bordells ist Verminderung der Kuppelei, der Winkel- und Straßenhurerei niemals zu erwarten. Von dem feinen und gebildeten Publikum, welchem Sie ein Bordell zugestehen wollen, ist nicht anzunehmen, daß es die Straßenhurerei befördern werde; diejenige Klasse der Stadtbewohner, von welcher dies eher zu besorgen wäre, besucht aber nicht die Hurenhäuser, wie dies der Umstand beweist, daß sich die Zahl der gemeinen Bordelle in der dortigen Stadt vermindert. Für Winkelhurerei und Kuppelei sind aber die Bordelle die eigentlichen Pflanzschulen. Wenn die Straßenhurerei nach der Meinung des Publikums zunimmt, so thut die Polizei ihre Schuldigkeit nicht; denn was die Augen des Publikums sehen, müssen auch die ihrigen bemerken, und an Mitteln zur Suppression eines solchen Ärgernisses fehlt es nicht. Winkelhurerei und Kuppelei entgehen zwar leichter der Entdeckung und Ahndung, aber eben deshalb bestehen sie auch fort *neben* den Hurenhäusern, in die sie ihre Opfer nur abliefern.

Es ist schwer zu rechtfertigen, daß Sie eine Verpflichtung der Polizei anerkennen wollen, durch Anlegung eines Bordells »*für die legale Befriedigung des Geschlechtstriebes zu sorgen*«. Die Polizei kann einen solchen Zweck niemals vor Augen haben; sie kann sich wohl in der Wahl eines Mittels gegen die Verbreitung der Venerie täuschen, aber sie wird sich nie zur Fürsorge für die Immoralität erniedrigen. Sie muß das Laster und die Unsittlichkeit verfolgen, wo ihr solche auch entgegen treten.

Die Ansicht des *größern* Publikums, auf welches Sie Sich zur Rechtfertigung der Ihrigen berufen, kann in solchen Dingen nicht maßgebend sein. Die Behörde soll *über* den Ansichten des Publikums stehen und diese durch ihre Verfahrensweise zu berichtigen und zu bessern suchen. Die Behörde würde in der Aufrechthaltung einer strengen Sittenpolizei weit hinter ihrer Aufgabe zurückbleiben, wenn sie sich bei ihren Anforderungen nach der Meinung der Mehrzahl beschränken wollte. Deshalb kann es denn auch gar nicht darauf ankommen, ob ein großer Theil des dortigen Publikums in dem Verfahren gegen den N.N. eine mit dem humanen Geiste der preußischen Gesetzgebung unvereinbare Härte findet; der bessere Theil wird jedenfalls dankbar dafür sein, daß durch die Unterdrückung dieses Bordells das feinere und gebildetere Publikum von der üblen Nachrede befreit wird, die ihm die Konzessionirung desselben zugezogen hätte.

Berlin, den 30. November 1837.

Der Minister des Innern und der Polizei

v. –ow«

Das kleine Beamtenkind sollte sich nicht einfach einreden lassen, daß die Polizei immer auf der Seite der Besitzenden steht oder stand. Drum soll es auch aufhören, mit seinem Stöckchen Pflastersteine aus der Straße zu puhlen und soll nach Hause gehen. An Vaters Swimming träumt es vielleicht von einem pickelhäubigen Schutzmann in tiefblauer, rot abgepaspelter Uniform, der es geleitet in ein Haus für das höhere und gebildetere Publikum.

50
Gott war mit uns Ihm sei die Ehre
Verdienste
an der
Bahn

Die Geschichte von Hieronymus Schüffelchens Orden

Dölln und die Döllner hatten nach langen Jahren verhaltenen rheinischen Haders endlich ihren Frieden mit dem neuen König gemacht. Als man das dem König in Berlin berichtete, freute das den ganz kolossal, und er erklärte, daß *seine* Döllner fortan ein Kgl. Amtsgericht, ein Kgl. Invalidenhaus (drei Kgl. Kriege in sieben Jahren füllten es alsbald bis auf die letzte Pritsche), ein König-Friedrich-Denkmal aus Eisen, dazu noch ein Kgl. Stadtgefängnis und endlich auch einen Bahnhof bekommen sollten.

Der kleine Bahnhof – backsteinhäßlich, aber funktionell – lag im Norden der Stadt. Wenn man von ihm aus die Bahngleise in Richtung Brüggelschen entlanglief, was sich die Bahnverwaltung jedoch strengstens verbeten hatte, und dabei nicht infolge falscher Weichenstellung in Keysers Keksfabrik geriet, was von dieser nun noch viel strenger untersagt worden war, dann gelangte man recht bald an den Stadtrand von Dölln. Dort am Stadtrand stand unter einem meist grünenden Lindenbaum ein Häuschen, solch ein karges hölzernes Bahnwärterhäuschen, wie es zwischen dem rheinischen Kaldenkirchen und dem masurischen Zwitschajnen tausenden Kgl. Bahnschrankenwärterfamilien als irdische Behausung diente.

In besagtem Holzhäuschen wohnte, noch zu meinen Lebzeiten, ein ehemaliger Kgl. Preußischer Bahnschrankenwärter, der alte Hieronymus Schüffelchen, gemeinsam mit Bertha Schüffelchen, der Mutter seiner acht Kinder, die alle seit ihrer Taufe die

Vornamen berühmter Reichsbahnpräsidenten durch das rechtschaffende Leben trugen.

Als Hieronymus Schüffelchen das Häuschen am Stadtrand von Dölln bezogen hatte, da war es noch ganz neu gewesen – blankgehobelte Kiefer auf Natursteinsockel. Schon vor dem ersten Zug, der jemals die kurze Nebenstrecke nach Brüggelschen befuhr – blumenbekränzt kam er dahergeschnauft, mit städtischen Notablen und gewaltigen Bierfäßern beladen – hatte Hieronymus langsam die weiß-rot geringelten Schranken heruntergekurbelt. Ausgelassen winkte man ihm mit weißen Musselintüchlein zu, dampfte an ihm vorbei, aber niemand dachte mal daran, ihn nun zu bitten aufzuspringen und mitzufahren.

Dort also, am Stadtrand von Dölln, genau dort, wohin ihn sein König hingestellt hatte, stand der Schüffelchen Hieronymus seither Tag für Tag, »kling-klang« die Schranken herunterlassend und »klang-kling« heraufdrehend, achtmal täglich herunter, achtmal täglich herauf, das machte in einem einzigen Schaltjahr überschlagsmäßig 2928 mal, denn Urlaub bekam man damals nicht und das Krankschreiben war noch nicht erfunden.

Als so Hieronymus Schüffelchen etwa hundertsechsundvierzigtausend Male, das sind nahezu fünfzig Dienstjahre lang, die Schranken vor den Zügen nach und von Brüggelschen herunter- und anschließend wieder heraufgedreht hatte, wurde soviel Pflichterfüllung auch der Reichsbahndirektion in D. ruchbar, und unversehens befand sich Hieronymus Schüffelchens Name auf der Vorschlagsliste für die Kgl. preußische bronzene Verdienstmedaille am Bande – das war seinerzeit der Rote Adler Orden für Bahnschrankenwärter.

Am 9. November 1918 sollte Hieronymus Schüffelchen seine Medaille empfangen. So jedenfalls hieß es in einem amtlichen Mitteilungsschreiben, das ihm die Post zugestellt hatte und das er sich immer wieder vorlesen ließ, denn selber lesen konnte er, schon fast erblindet, längst nicht mehr. Ob es dann die senkrecht einfallenden Sommersonnenstrahlen waren oder der Duft der goldgelben Lindenblüten, jedenfalls mischten sich die Bilder in der Vorstellung des alten Hieronymus täglich bunter, und nicht lange dauerte es, bis er seinen beiden alten Freunden, den Bahnschrankenwärtern von weiter oben und weiter unten an der Strecke, davon zu erzählen begann: am 9. November käme der Kaiser höchstderoselbst angereist, im Hofzug eigens aus Berlin, zwischen den weißbehandschuhten Händen ein rotsamtenes Kissen, um ihm, dem treuen Diener Schüffelchen, die Verdienstmedaille am Bande an die Brust zu heften und zu sagen: »Dat hesse joot jemeck, Schüffelke!«*

Erstmal zogen die zwei Freunde den Hieronymus mächtig auf, weil sie meinten, der alte Filou erlaube sich ein Späßchen mit ihnen, doch dann merkten sie, daß der Hieronymus ganz ernst an seinen Kaiserbesuch glaubte, und sie sagten zueinander, heimlich, so daß sie Hieronymus nicht hören konnte: »De-ä aahe Rönnemuss, de-ä ärme Moan – he-ä spinnt!«** Aber geduldig hörten sie sich auch weiterhin die Ankunft des Ordens an, immer von neuem, wöchentlich bestimmt eindutzendmal.

Unterdes fielen, eines nach dem anderen, die Kalenderblätter des Jahres 1918 in Frau Berthas Korb für die ›Rohmaterialspende des deutschen Volkes‹. Hieronymus, der keine Zeitungen mehr las und unter seinem weit ausladenden Lindenbaum nur noch wenig von dieser Welt vernahm, ahnte nicht, daß es gar nicht gut stand um Kaiser, Reich und Rohmaterial – *er* dachte ausschließlich an seine Medaille.

August, September und der Oktober kamen und gingen. Auch die Familie beriet nun schon in allen Einzelheiten den Tag der Ordensverleihung. Eine lange Liste war zusammengestellt und alles, was auf ihr stand, nacheinander abgehakt worden, man hatte angemalt, umgegraben, gebacken und geschlachtet.

* »Das hast du gut gemacht, Schüffelchen!«
** »Der alte Hieronymus, der arme Mann – der spinnt!«

Blieb allein die Frage, was geschah eigentlich, wenn der Kaiser nun ausblieb?

Natürlich rechnete niemand so richtig (außer Schüffelchen selbst) mit seinem Kommen, aber keiner brachte es über das Herz, dies dem Hieronymus zu sagen.

So war schließlich der 9. November da. Hieronymus, in seiner alten Reichsbahneruniform, die Bahnschrankenwärtermütze mit einer neuen schwarz-weiß-roten Litze auf dem Kopf, stand schon seit fünf Uhr vierundvierzig am Bahngleis, ließ die beiden Morgenzüge durch und wartete von da an auf den Kaiser.

Und tatsächlich – was glaubt Ihr – der kam. Es war nicht anders, als es der Hieronymus vorhergesagt hatte: Punkt elf rollte aus Dölln ein Sonderzug heran. Trompeten schmetterten. Fahnen knatterten. Die Bremsen quietschten. Der Hofzug kam genau unter der Linde zum Stehen.

»Noo sti-eg sin Majestät uut«*, erklärte Hieronymus seinen stumm staunenden Schüffelchen. Vor seiner Bahnschranke, nochmals wie 70/71 nach Gravelotte, stand Hieronymus mit der linken Hand an der Hosennaht, die rechte am Mützenschild, kerzengrade, bereit, mit dem kleinen Stückchen vaterländischen Blechs die verdiente Anerkennung für fünfzig Jahre Schrankenkurbeln zu empfangen.

Mit angehaltenem Atem merkte Schüffelchen, daß nun alles so geschah, wie er sich das immer vorgestellt hatte. Der Hohe Herr schritt – seine Umrisse erkannte Hieronymus gerade noch – mit dem wehenden Helmbusch des Garde-du-Corps auf den getreuen Schrankenwärter zu, heftete ihm die Spange zur Verdienstmedaille am Bande auf das dunkelblaue Revers, griff nach des Hieronymus Hand, und dann schnarrte er: »Dat hesse joot jemeck, Schüffelke!«

»Majestät! No bliev doch noch jeut hee!«** murmelte Hiero-

* »Nun steigt Seine Majestät aus!«
** »Majestät! Nun bleiben Sie doch noch etwas hier!«

nymus und seine trübe gewordenen Augen suchten nach seinem Herrn, doch der saß schon wieder auf dem Gerätezug vom Betriebswerk Dölln, riß sich den angeklebten Zwirbelbart ab und zählte die Gage nach, die des Hieronymus Schüffelchens Bahnschrankenwärterfreunde für den Schauspieler aus dem Kreisstadttheater gesammelt hatten.

Wenige Tage darauf erfuhr auch Hieronymus Schüffelchen davon, daß der Kaiser am 9. November abgedankt hatte, daß er ins nahe Holland über die Grenze geflohen war und daß er nun, vermutlich jedenfalls, nie mehr wiederkäme.

»Evvel eersch ös he-ä noch bee mich jewäss!«*, sagte da der Hieronymus und fuhr mit der Hand über seine blecherne Spielmarke hinweg.

Das kleine Beamtenkind sollte hier nicht lachen – die alte Zeit, in der man für einen ganzen Orden ein Leben lang arbeiten mußte, war gar nicht mal so *lausig!*

* »Aber erst ist er noch bei mir gewesen!«

633
2902!

Vom vaterländischen Dank

Es lebte einmal vor gar nicht allzu langen Zeiten ein Mann, der hatte seinem Vaterland unter mannigfachen Regierungen und Diensteiden vierunddreißig Jahre, davon zwanzig im selben Ministerium, gleichbleibend treu gedient und war darüber vom Regierungssekretär bis zum Oberregierungsrat aufgestiegen. Pünktlich um acht Uhr stand er jeden Morgen vor seinen drei Büroschränken und schloß sie von links nach rechts der Reihe nach auf. Wie gesagt: vierunddreißig Jahre lang, bis er dies eines Tages nicht tat.

Eben an diesem Tage aber suchten sie dort im Ministerium eine Anzahl von Akten, die von der Aktenvernichtung angemahnt worden waren, und so läuteten sie im Hause des Oberregierungsrats Przybilski an und erfuhren voller Bestürzung, daß der Oberregierungsrat tot sei, die Schlüssel zu seinen Aktenschränken befänden sich aber mit Bestimmtheit in der Registratur, dort wo er sie seit Jahrzehnten jeden Abend an den dritten Haken von links in der oberen Reihe hingehangen hatte.

Und weil nun der Oberregierungsrat Przybilski ein wirklich vorbildlicher Beamter gewesen war, so hieß es in der nächsten Nummer des Ministerialmitteilungsblattes:

Am 4. Dezember 1971 verstarb im Städtischen Krankenhaus Köln-Merheim im Alter von 60 Jahren plötzlich und unerwartet Herr

Oberregierungsrat

Gottfried Przybilski.

Der Verstorbene, der aus der Stadtverwaltung Köln hervorging, trat nach Kriegsende und Kriegsgefangenschaft in den Dienst der Bundesregierung Deutschlands über. Er war seither ununterbrochen im Ministerium tätig.

Der Verstorbene hat über 20 Jahre dem Bundesministerium angehört. Während dieser Zeit hat er mit seinem großen Fachwissen, seiner Schaffensfreude und seinem nie ermüdenden Diensteifer wertvolle Dienste geleistet. Er zeichnete sich durch vorbildliche menschliche Eigenschaften und hervorragende Pflichterfüllung aus.

Das Bundesministerium betrauert tief den Tod eines verdienten Beamten, dessen berufliches Wirken durch hohes Pflichtbewußtsein und Hingabe an die Sache gekennzeichnet war. Das Bundesministerium wird dem Verstorbenen ein bleibendes Gedenken bewahren.

Max
Bundesminister

Moritz
Vorsitzender des
Personalrates

Frau Przybilski und Sohn Hans lasen dies natürlich, und obgleich sie noch sehr vom unfaßbaren und schmerzlichen Verlust ergriffen waren, von dem in einer kleinen Zeitungstraueranzeige stand, so richtete sie der Gedanke auf, daß Vater nicht unbemerkt auf manchen Feierabend verzichtet und, ohne davon viel Aufhebens zu machen, Referenten- um Referentenentwurf gefertigt hatte.

Sohn Hans, ein frischer Abiturient, entschied sich daraufhin ohne zu zögern, gleichfalls ein Beamter zu werden, sah er doch neben Titel und Pension nun, schwarz gedruckt, auch den Dank. Es war bereits der Großvater Beamter gewesen und der Großvater des Großvaters – was also gab es viel zu überlegen.

Hans war aber, muß man wissen, das skeptische Kind einer neuen Zeit, und so fragte er sich insgeheim (doch ohne der Mutter davon ein Wort zu sagen), wie wohl dieses ›bleibende Gedenken‹ von Max und Moritz vor sich ginge.

»Iwoh!« beschwichtigte er aufkeimenden Zweifel. »Die werden bei sich im Ministerium einen Saal voller ewiger Lichter und ein schwarzgebundenes Buch haben, aus dem einmal halbjährlich ein Parlamentarischer Staatssekretär die Namen aller seit der Reichsgründung verstorbenen und gefallenen Kollegen verliest.«

Oder war es vielleicht, um ganz sicher zu sein, doch besser, da im Ministerium mal nachzufragen?

Hans hatte es gedacht und schon getan. Er rief sogleich den Minister Max an, denn dieser hatte ja in erster Linie versprochen, an Gottfried Przybilski zu denken. Es meldete sich am anderen Ende das Ministerbüro.

»Guten Tag«, sagte Hans höflich. »Hier spricht der Sohn von Oberregierungsrat Przybilski.«

»Guten Tag«, antwortete das Ministerbüro, das gleich vom Tonfall und Anfang eines Telefongespräches her erkannte, ob es zum Minister durchstellen durfte oder nicht.

»Hier ruft ein alter Bekannter des Ministers an«, entschied das Ministerbüro für sich und bat Hans, in dreieinviertel Stunden noch einmal anzurufen, der Herr Minister befände sich augenblicklich auf dem Anflug aus Rom.

»Wie war doch Ihr Name?« fragte das Ministerbüro und versprach dann, den Herrn Minister zu unterrichten, der Herr Minister würde sich sicherlich freuen, von Herrn Przybilski zu hören – guten Tag.

Minister Max, kaum kam er geflogen, freute sich überhaupt nicht von Herrn Przybilski zu hören. Man kann auch nicht sagen, daß ihn das geärgert hätte, denn mit dem Namen Przybilski wußte er selbst nach kurzem Nachdenken nichts anzufangen.

Sogar ohne eine schriftliche Weisung weiß ein Ministerbüro, was es in einem solchen Fall zu tun hat.

»Jawohl, Herr Przybilski, ich habe den Herrn Minister von Ihrem Anruf unterrichtet. Er wußte im Augenblick nicht – ach, schreiben Sie ihm doch bitte ein paar Zeilen!«

Natürlich – Hans war enttäuscht, aber dann sagte er sich, ein

Bundesminister ist ein so arg beschäftigter Mann, wie kann der gleichzeitig regieren und in einem fort an Vater Przybilski denken. Und Hans beschloß, den Personalratsvorsitzenden Moritz anzurufen, denn der hatte gleichfalls versprochen, an seinen verstorbenen Kollegen zu denken.

»Guten Tag«, sagte Hans wiederum sehr höflich. »Ich bin der Sohn von Oberregierungsrat Przybilski.«

»Was sind Sie?« fragte eine schnippische Mädchenstimme (Personalratsvorsitzende, muß man wissen, haben bei weitem nicht so gewandte Gehilfinnen wie ein Minister sie hat, und diese hier war außerdem noch ganz neu). Von Oberregierungsrat Przybilski habe sie noch nie im Leben etwas gehört, sagte sie völlig wahrheitsgemäß, doch vielleicht eine Spur zu ungeduldig, so daß Hans bestürzt aufhing.

Nun plötzlich war es Hans doch sehr merkwürdig zu Mute. Ob denn überhaupt noch jemand im Ministerium an seinen Vater dachte? Er beschloß sogleich, jetzt mal selber hinzufahren und sich zu erkundigen.

Zum Ministerium war es nicht weit. Ein wenig spät am Tage, doch eben noch rechtzeitig langte Hans vor der Pförtnerloge an und fragte dort nach Oberregierungsrat Przybilski.

»Wie het de-ä He-är?«* Der Pförtner beugte sich weit aus dem Fensterchen hervor.

»Przybilski, Oberregierungsrat Przybilski«, antwortete Hans, ein wenig eingeschüchtert vom Marmor der Vorhalle.

»Hant vör hee ene He-är Pschübülski?«** fragte der Hauptportier den Hilfsportier.

Wie soll ich dat wi-ete«, brummte der aus dem Hintergrund. »Kiek ens en öt Telefondingsda!«*** und der Hauptportier blätterte mit Hansens Hilfe das Telefonverzeichnis des Ministeriums durch.

* »Wie heißt der Herr?«

** »Haben wir hier einen Herr Przybilski?«

*** »Wie soll ich das wissen. Guck mal in dem Telefondingsda nach!«

»Zemmer sääs fiffzig*«, las der Hauptportier. »Also sääste Stock.«

Hans fuhr unverzüglich zum sechsten Stockwerk hinauf. Dort saß wiederum jemand vor dem Eingang und wachte vor einer Sportzeitung.

»Oberregierungsrat Przybilski?« fragte Hans, nun sicher, daß hier, so nah an der Wirkungsstätte seines geliebten Vaters, jemand aufstehen und sich verbeugen würde: »Tut mir leid, aber der ist kürzlich verstorben – in hervorragender Pflichterfüllung – eine Hingabe an die Sache – unser bleibendes Gedenken –«

Der Stockwerkspförtner blätterte aber schon das Telefonbuch durch: »Zimmer sechsfüneffnull, der Herr.«

»Sehr herzlichen Dank«, murmelte Hans und schritt weiter.

Der Gang war sehr lang.

»Zimmer sechshundertfünfzig, Oberregierungsrat Przybilski, bitte«, wandte Hans sich an einen Amtsgehilfen, der damit beschäftigt war, einen gewaltigen Aktenberg, langsam Blatt für Blatt, in eine Aktenzerschnitzelmaschine hineinzuschieben.

»Gleich links geradeaus um die Ecke«, wies ihn der Amtsgehilfe den Weg, doch dann fiel ihm ein, daß der Oberregierungsrat ja verstorben war, aber Hans war schon nicht mehr zu sehen.

Inzwischen hatten in ihm diese ganzen Auskünfte am Wege die absurdesten Hoffnungen geweckt. Da alle ihm gesagt hatten, Vater sei in Zimmer sechshundertfünfzig zu finden, ob dann Vater vielleicht noch da drinnen – es konnte doch sein, daß er irgendwo hier herumsaß und nur wegen seiner vielgerühmten Pflichtauffassung vergessen hatte, in der vergangenen Woche nach Hause zu kommen.

Zimmer sechshundertfünfzig: Regierungsrat Dr. Maaßen. Das Wahnbild zerstob mit einem schmerzhaften Stich in Han-

* »Zimmer sechsfünfzig.«

sens Herzen. Zögernd klopfte er an, klinkte den Griff nach unten, das Zimmer war verschlossen. Er klopfte an der Tür gegenüber und sagte zu der Dame, die dort an einem rosa Strumpf strickte: »Das Zimmer von Oberregierungsrat Przybilski ist verschlossen!«

Die Dame war an diesem Tag erst aus dem Urlaub zurückgekehrt und hatte daher nicht erfahren, daß man den Herrn Przybilski vergangene Woche begraben hatte, darum antwortete sie aufs Geratewohl: »Ich glaube, der Herr Przybilski ist verreist.«

»Ach, ist der verreist?« sagte Hans. »Ja, dann entschuldigen Sie bitte!« Und er zog die Tür hinter sich zu und lief noch einmal die gewundenen Gänge ab und beschloß dabei insgeheim, ein Stehgeiger zu werden, denn, so überlegte er sich im Aufzug, gute Stehgeiger werden immer seltener, und jedesmal, wenn wieder einer stirbt, wird es in dieser Welt gleich so viel stiller und trauriger.

Dies eine sollte das kleine Beamtenkind recht früh anfangen zu verstehen: der Dank des Vaterlandes – der steht, nach Abzug aller Steuern, auf dem Gehaltszettel rechts unten.

Beamtenüberstunden

An der Tür des Zimmers 633 im sechsten Stock des Regierungspräsidiums in Dölln klopfte es. Ministerialrat Dr. Pilz schob schnell alle Büroklammern, mit denen er das gestrige Wettschießen fortsetzen wollte, auf die magnetische Büroklammerbüchse zurück und beugte sich über die Akten.

Es klopfte noch einmal, mäßig lauter.

»Herein!«, rief Pilz ungeduldig.

Er hörte, wie sich die Tür öffnete und wieder schloß, aber weil er sich nun vorgenommen hatte, angestrengt zu arbeiten, so blickte er nicht etwa auf, sondern raunzte nur: »Nehmse sich den Stuhl da!«

»Danke ergebenst!« sagte eine dünne Greisenstimme.

Dr. Pilz kritzelte noch eine fiktive Verfügung unter das Papier, dann lehnte er sich in seinen Sessel zurück.

»Na, nu setzen Sie sich doch!« rief er, als er den Stuhl auf der anderen Seite des Schreibtisches leer fand. »Wo stecken Sie eigentlich – hinter dem Vorhang?«

»Ich bitte vielmals um Ihre Vergebung«, hörte er die gleiche brüchige Stimme sagen. »Wie töricht von mir, ich mußte meine Nachtbeleuchtung eingeschaltet haben. Natürlich vermochten Sie mich so nicht zu sehen. Verzeihen Sie –«

Vor Ministerialrat Dr. Pilz, über dem Besucherstuhl, schwebte in einem altertümlichen schwarzen Gehrock ein Gespenst. Ein alter Mann ohne Unterleib, wie Pilz schaudernd bemerkte.

»Sie – Sie wünschen?« fragte Pilz, nervös an seinem Kugelschreiber herumkneifend. »Darf ich wissen, was – wer Sie sind?«

Der Kugelschreiber zerbrach.

»Ich? Ich bin einer Ihrer Vorgänger«, antwortete das Gespenst mit einer angedeuteten Verbeugung. »Melde gehorsamst – Friedrich Wilhelm Bongartz – Königlicher Oberregistrator am Regierungspräsidium in Dölln –« schnurrte das dünne Stimmchen herunter; »– geboren achtzehnhundertdreiundreißig in Bistard – gedient, jawoll – Viertes Husarenregiment – Magdeburg – gestorben achtzehnhundertachtzig – hier im Dienst.«

Das Gespenst wies mit dem Zeigefinger auf die abgewetzte Buchenbohle vor der Aktenablage.

Pilz blickte entsetzt auf den hellen Fleck auf dem Fußboden und vom Boden auf seinen ungewöhnlich gekleideten Besucher.

»Und Sie sind –?« erkundigte sich das Gespenst liebenswürdig.

»Pilz«, stellte Pilz sich vor. Seine eigene Stimme drang zu ihm dumpf wie durch ein Tunnelrohr.

»Äußerst angenehm.« Abermals verneigte sich das Gespenst. »Sehr, sehr angenehm.« Und schwieg.

Erst nach einer langen Pause, während der er sich überlegte, ob er nicht besser die Notalarmglocke unter seinem Schreibtisch drücken sollte, fragte Pilz, nur um dieses unerträgliche Schweigen zu unterbrechen: »Vielleicht trinken Sie – einen Kaffee mit mir – Herr Bongartz?«

»Kaffee? Meinten Sie damit, daß es hier jetzt richtigen Kaffee gibt?«

Die Ecken der Vatermörder gerieten in Bewegung. Aufgeregt schwebte das Gespenst auf seinem Stuhl umher und rieb sich die Hände.

Pilz bemühte sich, diesen, wie er fand, kindischen Eifer zu übersehen, indem er sich an der Kaffeemaschine zu schaffen machte. Das Gespenst beobachtete ihn über den Aktenbock hinweg mit aufgerissenen Augen.

»Der Herr Kollege ist, wenn ich das wissen darf, auch schon Oberregistrator?« ließ es sich vernehmen, als der fertige Kaffee vor ihm stand.

»Aber was denn!« fuhr Pilz auf. Fast hätte er dabei seinen Tasseninhalt verschüttet. »Ministerialrat Dr. Pilz!« stellte er sich vor, dieses Mal mit leicht angelüpftem Gesäß die Verbeugung des Gespensts erwidernd.

»Meine Treu!« rief das Gespenst da ganz laut. »Ein Geheimrat! Das ist ja gar nicht möglich – ein wirklicher Geheimrat!«

Und mit brechender Stimme: »Auf meinem Platz ein Doktor!«

Das Gespenst Friedrich Wilhelm Bongartz hielt es hierauf nicht länger auf seinem Stuhl. Behende rutschte es herab, um die zwei Schreibtischecken lief es und sah dem nicht minder fassungslosen Pilz forschend ins Gesicht.

»Aber der Herr Geheimrat sind allerhöchstens dreiundvierzig Jahre?« rief das Gespenst erstaunt.

»Vierundvierzig«, lächelte Pilz geschmeichelt.

»Ogottogottogott – vierundvierzig Jahre und Geheimrat!« Das Gespenst stieß einen tiefen Seufzer aus. »Früher, da wurde das einer mit sechzig. Und wenn überhaupt!« Die durchscheinend weiße Hand glitt nachdenklich über die Schreibtischplatte hinweg.

»Birke, nicht wahr?«

»Ach, was denken Sie – echte Fournierzeder ist das!« erklärte Pilz nicht ohne Stolz.

»Zeder?« stieß das Gespenst hervor. »Nu hör sich das einer an – Zeder! Genau wie in Salomos Tempel!«

Es verfiel hierüber in noch größere Erregung und stieß aus Versehen mit dem Ellbogen an die ›Aktenordnung des Regierungspräsidiums zu Dölln‹.

»Was bedeutet das, eine ›Aktenordnung‹?« fragte der frühere

Oberregistrator nach einer schweifenden Entschuldigung für seine Ungeschicklichkeit.

»Mann Gottchen, eine Aktenordnung ist eben eine Aktenordnung!« erklärte Pilz unwirsch. »Da steht drin, wo was unter welchem Aktenzeichen abgeheftet und – wenn man Glück hat – wiedergefunden wird.«

»Was denn?« sagte das Gespenst überrascht. »So was alles mußten *wir* früher im Kopfe haben!«

Gleich darauf schwebte es über der spiegelnden Zedernholzplatte und zeigte über die Tischkante hinweg auf den Fußboden.

»Und ein Teppich liegt da! Ein echter Orientteppich – genau wie bei Salomo! Ein Teppich im Zimmer eines einfachen Registrators –«

»Ministerialrats«, berichtigte Pilz.

»O selbstverständlich! O Gott, da bitte ich aber um ergebenste Verzeihung!« Das Gespenst saß vor Schreck kerzengerade. Äußerst verlegen schaute es Pilz aus den Augenwinkeln an. »Wie bei Salomo«, murmelte es von neuem, als nun das Telefon läutete.

»Klaro, Muckelchen«, sagte Pilz und hielt die Hand vor die Sprechmuschel. »Ob ich's heut kann? Aber sicher. Tschüss, Julia!« und er legte auf.

»Die Frau Gemahlin?« erkundigte sich das Gespenst höflich.

»Quatsch! Julia ist eine Freundin«, sagte Pilz kurzangebunden, offenbar weil er sich über etwas ärgerte, was er am Telefon von Julia gehört hatte.

»Nein doch! Sagten Sie *eine* Freundin? Kann das bedeuten, daß Sie deren möglicherweise gleich – ich meine – tatsächlich mehrere –?« Betreten nestelte das Gespenst am Revers seines Gehrocks, denn nun schämte es sich, das gefragt zu haben. »Paragraph achtunddreißig Absatz eins«, murmelte es verzweifelt.

»Was heißt achtunddreißig Absatz eins?« fragte Pilz irritiert.

»Paragraph achtunddreißig Absatz eins Regierungsinstruktion von achtzehnhundertsiebenunddreißig«, stammelte das Gespenst. »›Ebensowenig müssen Subjekte in öffentlichen Bedienungen gelitten werden, die durch ihr Privatleben Gleichgültigkeit gegen Religion und Moralität an den Tag legen oder sonsten sich durch ihren Wandel verächtlich machen‹ –«. Und dann folgte, kaum hörbar: »– wie beim König Salomo!«

»Also mal doch in hundert Jahren *ein* Fortschritt«, konstatierte Pilz heiter, aber das Gespenst war mit Augen und Gedanken längst weitergeeilt. Es sah sich nun die Photographie im Silberrahmen an – fünf Herren mit schwarzen, rundkrempigen Hüten. Dr. Pilz stand in ihrer Mitte.

»Ob es wohl noch unseren reizend geselligen Mandolinenverein ›Edelweiß‹ gibt?« fragte das Gespenst und zeigte auf den Silberrahmen.

»Wieso, denken Sie vielleicht das sei 'n Gesangverein?« fragte Pilz. »Das da ist der Vorstand des Parteiunterbezirks Dölln.«

»O!« sagte das Gespenst lediglich und verfiel hierauf in längeres Nachdenken. Endlich sagte es: »Der Herr Geheimrat dürfen somit wirklich einer Partei zugehören?« Es schien aus dem Wundern gar nicht herauszukommen. »Doch sicherlich nur den Konservativen?«

»*SPD*«, sagte Pilz bescheiden.

»NEIN!« schrie da das Gespenst auf und schlug sich beide Hände vors Gesicht. Mit Beklemmung fielen ihm all die dienstlichen Weiterungen ein, die ihm die Sozialistengesetze verursacht hätten, wenn es den Sozialdemokraten damals – den Gottseibeiunsen–Himmel!–diesen roten –

»Kleiner Cognac gefällig?«

Pilz schob mit einem neuen Kaffee ein reichlich gefülltes Cognacglas über die Zedernholzplatte.

»Und nun auch noch Alkohol im Dienst!« stöhnte das Gespenst. »Schnaps in *meiner* Amtsstube!« und es legte blitzschnell seine Hand um das bauchige Glas.

»Auch hierfür 'nen Paragraphen parat?« frozzelte Pilz, als er merkte, wie unglücklich das Gespenst den Cognac beroch.

»Paragraph achtunddreißig Absatz zwei. ›Jeder Staatsbeamte, der sich des Lasters der Trunkenheit schuldig macht, ist im Wege der Disziplinaruntersuchung seines Dienstes ohne Pension zu entlassen.‹«

»Dann man runter mit der Pension«, rief Pilz, dem das wachsende Entsetzen seines Amtsvorgängers Spaß zu machen begann. »Ich heiß übrigens Kurt. Meine Freunde nennen mich aber nur Kuddel. Und dich nenn ich Salomo!« Die Schwenker klirrten gegeneinander. »Prost Salomo!«

»Angenehm, Herr Geheim–Kuddel«, konnte Salomo gerade noch herausbringen. Und dann zögernd: »Auf unseren allerhöchsten Dienstherrn, den geliebten König und Kaiser!«

Von diesem Tage an nun besuchte das Gespenst Friedrich Wilhelm Bongartz den Ministerialrat Dr. Pilz jeden Nachmittag. Immer länger hielt es Pilz im Büro fest, und manchen Abend konnte man von der Straße her sehen, wie sein Zimmer dort oben im dritten Stock erleuchtet blieb.

Ganz klar, daß sich so etwas herumsprach, und es dauerte nicht lange, da munkelte man im Casino von einer Beförderung.

Bewegt schaute die gesamte Abteilung auf ihren Pilz.

Bis dann eines Tages an einem Freitagmorgen die Raumpflegerin Frau Karina Niederwalz das Dienstzimmer des Ministerialrats Dr. Pilz betrat, um, mit Eimern und Besen in der Hand, das Zimmer Pilzens vom Vortagesschmutz zu säubern. Gott, wie erschrak die brave Frau, als sie dort den Herrn Ministerialrat in Hemd und Socken auf dem Schreibtisch kauern fand. Er hatte die Stirn gegen die Wand gelehnt, vor ihm auf der Tischkante standen zwei halb gefüllte Rotweingläser.

»Ming Jott, wat en fiese Ferkelei!« jammerte die Frau Niederwalz, als sie die vielen Feuchtigkeitskringel auf dem Zederngianz sah. Ganz außer sich stieß sie mit dem Besenstiel gegen Pilzens Schulter. Doch der sackte nun, so schwer wie er war, vornüber von der Zedertischplatte herunter, genau vor die alte Aktenablage.

Bereits am übernächsten Morgen erschien in der ›Rheinischen Post‹ ein Nachruf der Kollegen und Freunde, die dem »pflichtbewußten und vorbildlichen Menschen und Beamten stetes Gedenken in Hochachtung« versprachen.

Allzu voreilig war dies, wie es sich erweisen sollte, formuliert. Denn nicht weniger als zweihundertneunzig unbearbeitete und schon seit Monaten mehrfach gesuchte Akten wurden in Pilzens Schränken entdeckt. Auch war nun plötzlich die verschwundene Aktenzerschnitzelungsmaschine wieder da. Man fand sie bis zum Rande gefüllt mit den unentzifferbarsten Aktenschnitzeln.

Rätselhafter noch als drei geleerte Kartons eines sehr guten Burgunders aber war der Untersuchungsbehörde eine Plastiktüte voller Tonbänder. Man ließ sie eines nach dem anderen abspielen, doch nirgendwo in den Akten ließ sich ein Herr Salomo feststellen, mit dem sich Pilz da ständig unterhielt.

»Die Polizei steht hier vor einem völligen Rätsel«, berichtete die Zeitung, nachdem auch ein bundesweites Suchen keinen Salomo beigebracht hatte.

Und vor diesem Rätsel steht die Polizei bis zu diesem Tag und paßt streng auf, daß es ihr nicht etwa davonläuft.

Man sieht eben hieran, welche nie gehörten Gefahren in den Überstunden lauern. Auch das Beamtenkind täte gut, bei seinem Papa den Anfängen zu wehren.

Kindergeld

Ein solches Märchen zu erzählen ist eher peinlich. Peinlich zum einen, weil ich wenig vom komputergerechten Gehaltsabrechnungswesen und von Lochkarten verstehe, und peinlich zum anderen, weil dies Märchen nicht sehr moralisch daherkommt. Deswegen, Beamtenkinder, verstopft Eure Ohren mit Wachs und hört mir gut zu!

Die ganze Geschichte begann überhaupt damit, daß es einmal einen Holzwurm gab. Mein Gott – wie originell! wird das Beamtenkind stöhnen. Muß das ausgerechnet ein Holzwurm – aber nein, sage ich, hört zu, denn dieser Holzwurm tat besonderes! Er geriet nämlich auf seinen gefrässigen Wanderungen eines Tages, im Hohlraum eines Aktentaschenschlosses versteckt, in das Rechenzentrum der Landesregierung in Dölln. Einige Stunden lang hielt er sich verborgen, doch als es um ihn herum ganz still geworden war – alle Beamten gingen nun ruhig ihrer Arbeit nach – da ringelte sich der Wurm unter der Schließe hervor, und in einigen hundert Körperbewegungen war er über den Terrazzoboden geraupt, den Stamm einer Zimmereiche hinauf und in einen Pappkarton hinein.

Mann, sind das hier Entfernungen! wunderte sich der Wurm, und weil er von der Reise Appetit bekommen hatte, suchte er sich etwas zum Beißen.

Das erste, was ihm dabei vor die Zangen geriet, war eine jener Lochkarten, mit deren Hilfe Monat für Monat die Gehälter der

Beamten ausgedruckt wurden. Zwar schmeckte die Karte ganz gewaltig nach Chemie, doch meinte der Wurm, als er die vielen anderen Löcher bemerkte, hier hätten schon vor ihm andere Holzwürmer gelocht, und beherzt griff er zu, um ein weiteres Loch zu zwicken, ein Loch nicht größer als die übrigen auch.

Man höre, wie es weiter kam: Schon eine halbe Stunde danach zuckte das Raupenwürmchen nicht mehr, denn allzu schnell war es über den orangenfarbenen Totenkopfaufkleber hinweggehuscht: ›Wurmstichfest‹.

Tot lag der Wurm von Dölln und rasch zerfiel er zu Asche. Nichts mehr erinnerte bald an ihn als ein bißchen Staub und jenes letzte Loch, das er gebissen hatte, mit dem fortan, jeden Monat aufs neue, für die Gehaltsabrechnung des Regierungsrates Vinzent Kabass aus Schündelenhoven das Kindergeld für ein außereheliches Kind ausgedruckt wurde.

Vinzent Kabass, der lange Jahre hindurch an eine deutsche Botschaft in Übersee als Entwicklungsberater ausgeliehen worden war, merkte nichts davon, daß ihn der Wurm hier erneut zum Vater gemacht hatte, denn die Zahlenrubriken auf seinem Gehaltspapier verstand er allesamt nicht; und so recht gekümmert hatte er sich nie um sie. Da schlug mal jemand etwas dazu, um es kurzentschlossen wieder abzuziehen, Stellen- und Auslandszulagen, Zwischensummen und Haushaltsgeld wechselten mit Kaufkraftausgleich und Haushaltsersparnissen in unverständlich wirrem Reigen. Von alledem verstand der gelernte Landwirt Kabass gerade so viel, daß es irgendwo am Ende fünfhundertsiebenundachtzig Mark sieben Pfennig Steuern zu zahlen galt, was ihn nun stets erboste, reichte nämlich seine agroökonomische Vorbildung nicht dazu aus zu begreifen, wieso er, der Staatsdiener, seinen Dienstherrn jetzt auch alimentieren mußte.

Daß plötzlich aus den dreiundvierzig unverständlichen Zahlen dort auf dem grünweißen Blatt Papier vierundvierzig unverständliche Zahlen geworden waren, das blieb dem Vinzent Kabass volle zwölf Jahre hindurch verborgen. Unerkannt wuchs das namenlose Kind des inzwischen zum ›Leimi‹, zum Leitenden Ministerialrat, aufgestiegenen Kabass der Mitte des zweiten Lebensjahrzehntes entgegen, und sicherlich wäre es auch volljährig geworden, hätte es nicht eines Tages der Direktor des Rechenzentrums persönlich durch einen – was weiß ich wegen was für einen – Zufall entdeckt. Der Direktor war ein Studienfreund des Leimis Kabass und ebenso wie dieser Alter Herr des Corps ›Manizalensis‹.

Bestürzt ob seines Fundes sprach der Direktor den Leimi bei der nächsten Abendkneipe der ›Manis‹ darauf an.

»Mein lieber Vinzent, guter Freund«, sagte der Direktor, »hätte ich nur geahnt, daß du schon seit zwölf Jahren nochmals –«

»Aber sicher, Edmund, guter Freund«, fiel ihm Kabass ins Wort. »Doll gewachsen ist es derweil«, und er freute sich insgeheim, daß man sogar im Rechenzentrum von seinem Manuskript ›Das Aktenablagewesen in der SBZ‹ erfahren hatte.

»Ja aber – was meinte denn deine Frau dazu?« Der Direktor wirkte verstört.

»Ach die!«, sagte der Leimi so leichthin. »Die würde es am liebsten verbrennen. Doch so'n klein bißchen Zerstreuung mal hin und wieder –«

»Na gut, na schön«, unterbrach ihn der Direktor und zeigte auf die umsitzenden ›Füchse‹: »Aber die Manis?«

»Wie – was – wieso die Manis? Die haben's sich doch als Jubiläumsgeschenk bestellt.«

»Ein Kind?« prustete der Direktor kommentwidrig in sein offenes Bierseidel hinein.

»Was für ein Kind?«

»*Dein* Kind!«

»??????«

»Nun ja, dein – verzeih mir, wie soll man das ausdrücken? Dein außerhalb ehelicher Beziehungen – na, du verstehst mich schon.«

Nein, erklärte der Leimi störrisch, er verstände da überhaupt nichts.

So mußte es ihm der Direktor erzählen, daß er, der Leitende Ministerialrat Vinzent Kabass, laut Rechenzentrumsunterlagen seit insgesamt zwölf Jahren das Kindergeld für ein uneheliches Kind bezogen hätte, und auf der Stelle rechnete er dem ungläubigen Leimi vor, daß dies alles insgesamt, mit elf Jahren Auslandskindergeldern, um die fünfzigtausend und mit allen Beihilfen und dem Weihnachtsgeld und den Zinsen – also sagen wir mal zusammengerechnet ein paar Mark weniger als sechzigtausend ausmachte.

»Sechzigtausend Mark?« röchelte der Leimi entsetzt. »Und wie soll ich meine Hypothek bedienen, die laufenden Abzahlungen fürs Auto und die Motoryacht?«

Darauf dachte er auch an die dienstlichen Folgen und als letztes, der Vollständigkeit halber, an die Familie.

Bis zum hellerlichten Tag saßen die beiden Freunde im Corpshaus, um zu beraten, was wohl zu tun sei.

»Lieber Vinzent«, sagte der Direktor am Ende. »Guter Freund, wir haben jetzt die Sache beredet und drehen uns allmählich im Kreise. Zurückzahlen, sagtest du, kannste nicht, weil du kein Geld hast. Und weil du kein Geld hast, leiht dir keiner was. Aber das Loch in der Karte steckt drin. Weglaufen tut's uns leider nicht. Nochmals also – was tun?«

Der Leimi zuckte auch hier nur hilflos mit den Schultern.

»Die letzte Rechnungshofrevision war bei mir vor zehn Wochen«, fuhr der Direktor fort. »Die nächste folgt in circa neuneinhalb Monaten. Mal sehn – für die Vergangenheit – als Cartellbruder sollte ich das für dich tun – könnte ich dich decken, bis sich der mildtätige Mantel der Verjährung über alles senkt. Aber für die Zukunft –« und hier begann der Direktor zu flüstern, »– für die Zukunft, guter Freund, muß mir ein richtiges Kind her. Mit Urkunde und echtem Stempel. Dir bleiben achtunddreißig Wochen Zeit. Was zu tun ist, das siehst du –«

Der Leimi sah das ziemlich genau, was zu tun war, nur eben

dies hatte er doch schon seit so langer Zeit nicht mehr versucht.

»Aber woher krieg ich denn dazu – ich meine – eine Mutter?« stotterte er verzweifelt.

»Lieber Vinzent, guter Freund –«, erklärte der Direktor schon im Gehpelz, »– annonciere!«

Der Leimi erschrak nun doch sehr bei diesem Rat, aber weil er keinen anderen Ausweg mehr sah, setzte er, unter Chiffre, wie es sich versteht, eine Anzeige in die Zeitung:

LEITENDER STAATSBEAMTER SUCHT
UMSTÄNDEHALBER *DAMENBEKANNTSCHAFT*

Man kann sich leicht denken, wie es da Zuschriften hagelte. Nicht weniger als einhundertelf Bewerbungen gingen ein, unter denen Vinzent Kabass – warum, das weiß nur er allein – eine Eilofferte aus Ostfriesland auswählte.

Kurze Zeit darauf verabschiedete er sich für ein paar Tage von seiner Familie, die stolz darauf war, daß der Staatssekretär persönlich Vater dazu ausersehen hatte, auf dem Internationalen Polderkongreß in Leer zu referieren. Und richtig wuchs ihr Stolz erst, als Vater Kabass, wohl weil sich sein Referat als zu schwierig erwies, den Aufenthalt nochmals um drei Tage verlängern mußte.

Doch von da an arbeitete die Zeit für Kabass. Kaum waren neun Monate vergangen, da entdeckte er unter den Eingängen im Büro ein Telegramm: »Sendung eingetroffen stop sendung eingetroffen stop hexlein«.

Den Leimi wunderte es zunächst, daß ›Hexlein‹ den verabredeten Text gleich verdoppelt hatte, doch dann sagte er sich – ach was, das liegt an den so unberechenbaren Ostfriesen, und bat telegrafisch um den ›Frachtbrief‹.

Vier Tage darauf, es war am Sankt Josephitag, brachte die Rheinschiffahrtspolizei ein Boot auf, in dem unrasiert und betrunken ein Mann schlief. Der trug auch keinerlei Personalpapiere bei sich, mal abgesehen von den Geburtsurkunden eines unlängst geborenen Zwillingspärchens aus Leer. Kein Wasserpolizist wollte es für möglich halten, daß dieser Mann der seit dem Vortag als vermißt gemeldete Leitende Ministerialrat Vinzent Kabass war.

Der Leimi hatte, bevor er zum Neußer Yachthafen gefahren war, die beiden ›Frachtbriefe‹ dem Direktor des Rechenzentrums gezeigt.

»Na ja, mein Lieber«, hatte der Direktor gesagt (dem der gute Freund inzwischen unheimlich lästig wurde). »Wenn ich jetzt eine der beiden Geburtsurkunden unterschiebe, damit dein Geisterkind endlich mal aktenkundig ist, dann wird irgendein Idiot eines Tages darauf stoßen, daß zu deinem Kastor noch einen Pollux existiert. So steht es doch hier!« Der Direktor hielt einen Daumen auf die Urkunden gedrückt. »Also wird man deine ganze Personalakte tief umgraben – na, und dann so weiter. Nee, nee, mein Guter! Mit 'ner Zwillingsurkunde machen wir den Salat nur noch schlimmer. Was wir brauchen, ist *ein* Kind. Ein einziges Kind – das siehst du sicher ein?«

Der Leimi – Gott, wie schaute er aus – sah schon wiederum alles ein. Je leerer die Rumflasche wurde, die er vom Kahn aus, der Kühlung wegen, den Tag lang mit den Zehen ins Wasser getaucht hatte, desto deutlicher erkannte er, was nun abermals von ihn erwartet wurde.

»Nach Ooostfriesland, Käptn, nach Ostfriiiiesland –«, johlte der Leitende Ministerialrat, als ihn die Wasserschutzpolizei in Emmerich sanft aus dem Boot zog.

Aber weil sie zu unachtsam dabei gewesen war, verloren seine Zehen den Halt und der Länge nach fiel sie, die Rumbuddel, in den Rhein.

Das liebe Beamtenkind wird vielleicht nicht verstehen, warum sein Papa so stöhnt, wenn er seine Gehaltsabrechnung erhält und sie immer gleich wegschließt. Aber weshalb fragt es nicht mal, bevor noch ein weiteres Unglück geschieht?

Der Botschafter und die sieben Zwerge

Wieviel Glanz lag schon auf dieser Erde, auch mancherlei Merkwürdiges hat sie gesehen und nicht selten sehr Schönes.

So sah sie eines Tages in einem Land, das auf langen Schiffs- oder Karawanenreisen nur unter beträchtlichen Gefahren zu erreichen ist, auch einen deutschen Botschafter. Im weiten Umkreis des kleinen Landes, in dem er wirkte, traf man keinen zweiten Botschafter an, der ihm glich. Trotz aller Demut – die, wie man weiß, neben der Zungenfertigkeit einen Botschafter auszeichnet – trotz aller Demut kam dieser Botschafter nicht umhin, ein jedes Mal, wenn er vor einen Spiegel trat, zumindest das rechte Auge fest zu verschließen, wollte er den Glanz seines eigenen Anblicks noch ertragen.

Zum Staatspräsidenten hatte der Botschafter zu jeder Tageszeit Zutritt. Er sagte dann – meist ungefragt – Dinge, die überraschten. Etwa, wieviel Handvoll Kameldünger jährlich unter die Wassermelonen zu geben waren oder daß die Fischersleute gefälligst mal öfters alle Muscheln unter ihren Daus abklauben sollten, was ihnen seit tausend Jahren nicht in den Sinn gekommen war zu tun, vermutlich, weil sie so kleine Muscheln gar nicht aßen.

»Ach, ach!« sagte der Botschafter da und verzog seinen Mund zu einem spitzen, ziemlich säuerlichen Lächeln. Seine Finger zerrten derweil ungeduldig an seiner schußsicheren Weste.

Wo Treffsicherheit, Takt und Intelligenz so glücklich sich finden, da konnte es nicht verwundern, daß es bald hieß, kein zweiter lebender Diplomat in der Stadt könne die Berichte über seine täglichen kleinen Verrichtungen zierlicher formulieren als er. Und weil die Berichte, die er schrieb, sich schrecklich gewichtig gaben, so wollten sie noch in der nachfolgenden Nacht dem Minister am Bett hergelesen werden. Das jedenfalls stand gleich eingangs der Fernschreiben besonders vermerkt.

Das Beamtenkind weiß nun aus seinem eigenen kurzen Dasein, wie schwer es ist, im Umkreis der strahlenden Sonne zu leben. Kann es deshalb überraschen, daß nur wenige Mitarbeiter des Botschafters in der Nähe dieses Lichtes ausharren mochten? Einer nach dem anderen machte sich baldmöglichst davon, nachdem er ein paar Monate oder Wochen lang neidisch im Schatten herumgestanden hatte. Bitter kehrte er nach Hause zurück oder verreiste in Länder, in denen das Licht etwas sanfter schien.

Doch von alledem merkte der Botschafter nichts. Immer einsamer wurde es um ihn, denn mit den Neuankömmlingen redete er selten oder besser gleich gar nicht.

Das alles wäre gewiß mal einem sehr traurigen Ende entgegengegangen, hätte er nicht eines Nachts einen seltsamen Traum gehabt. Es träumte ihm nämlich, ein Zwerg sei zu ihm gekommen, her von den sieben Bergen, ein Zwerg, der ihn um seine Hilfe bat, weil bei ihnen schon wieder eines dieser schlafenden Mädchen herumläge, sie wüßten gar nicht, woher all die betäubten Mädchen herkämen und auch nicht, wie man die Dornenhecke wegschaffen sollte, die sich über Schneewittchens alten Glassarg gelegt hätte (den sich die Zwerge inzwischen repariert hatten). Ob denn vielleicht der Herr Botschafter –?

Der Botschafter zeigte mit dem Daumen in den Hintergrund: »Nimm meinen Militärattaché!« sagte er brummig. »Der hat Kanonen. Mit denen schießt er die Dornen zusammen.«

Betrübt schlich der Wicht sich wieder von dannen, denn der

Ratschlag mit den Kanonen nutzte ihm wenig, stand doch unter der Dornenhecke der Glassarg.

Nach kurzer Weile trottete ein zweiter Zwerg um die Ecke. Eindringlicher noch als der erste erflehte er des Botschafters Hilfe, weil inzwischen lauter hergelaufene deutsche Prinzen um den Sarg herumstrichen. Einige hätten sich unterdes in dem dichten Gestrüpp verfangen und hingen dort oben, aufgespießt von den Dornen wie die Zeisige.

»Dann geh zu meinem Konsul!« erklärte der Botschafter ihm und schlürfte einen großen Schluck Lindenblütentee. »Der kann sich um die Toten bekümmern, und die übrigen soll er schleunigst heimschaffen.« Er fuhr sich mit der Hand über seinen dünn gewordenen Haarkranz, was ein Zeichen sein sollte, daß die Audienz beendet war. Sofort wurde der Zwerg aus dem Zimmer gezerrt.

Doch dem zweiten folgte ein dritter Zwerg, nicht weniger betrübt als die andren.

»Herr Botschafter!« rief er schon von weitem. »Die Zeitungen schreiben seit Tagen –«

»Sprich du mit meinem Pressereferenten darüber, wie man's verhindert!« beschied ihn der Botschafter leidenschaftslos. Er studierte gerade über die Brillenränder hinweg das Gesundheitshoroskop des erkrankten Präsidenten, das er gleich seinen EG-Kollegen verlesen wollte. Nicht anders als dem dritten erging es auch dem vierten Zwerg, dem fünften und auch dem sechsten. Statt nun Hilfe zu erhalten, wurden sie nacheinander an den Wirtschafts-, an den Kultur- und an den Sozialreferenten verwiesen, die – alles sehr liebe Burschen – gerne geholfen hätten, aber leider nicht wußten, wie sie das anfangen sollten.

Da schließlich wurde der siebente Zwerg in das Zimmer des Botschafters geschoben. Dem Kleinen sprangen bereits die Tränen aus dem weißen Bart, als er niederkniete.

Alle Herren Mitarbeiter der Botschaft, klagte er schluchzend, hätten ihnen heute nicht zu helfen gewußt, wenn jetzt nicht die großmächtige selbst, die Exzellenz, deren gütiges Antlitz man heute auf den Seiten drei, siebzehn und achtundzwanzig des ›Courier de l'Orient‹ –

Dieser kleine Zwerg hatte den Ton endlich getroffen. Die letzte Träne war noch gar nicht vergossen, da befahl der Botschafter seinen weißen Mercedes herbei. Er ließ den Stander mit dem gestickten Bundesadler vorne aufstecken, hieß den Zwerg in den Kofferraum kriechen, und los ging die Reise.

Daß bei einer so hastigen Fahrt über sämtliche auf der Straße liegenden Stöcke und Steine hinweg irgendwann zwischendurch der Kofferraum aufgesprungen und der siebente Zwerg herausgefallen war, davon merkte der Botschafter erst, als man hinter den sieben Bergen angekommen war, und der Fahrer vor einer Dornenhecke hielt, hinter der unter einem gläsernen Sargdeckel ein sehr gewöhnlich aussehendes, langhaariges Mädchen lag und schlief.

Mit einem Mal verwandelte sich die Szene in unerwarteter Weise. Der Fahrer samt Mercedes, die Dornenhecke und das eingesargte Mädchen waren verschwunden. Weg waren sie. Davon – wie zerblasen. In seinem lose wehenden Nachthemd, den Bundesstander in der Hand, fand sich der Botschafter unter tief hängenden Tannen wieder. Allein, ängstlich suchend, schaute er um sich.

Da sah er, wie schnaufend um eine Waldecke herum der siebente Zwerg einherhumpelte. Der hielt sich mit der Hand die rechte Hüfte und blickte furchtbar sauer drein. Zornig stürmten auch die übrigen sechs kurz darauf zwischen den Bäumen hervor.

»Los – singen!« brüllten die sieben den Botschafter an, ohne sich erst beim Zeremoniellen aufzuhalten. »Eins – zwei – los geht's!« und sie hielten ihm einen großen Bogen Papier entgegen.

Gänzlich verstört versuchte der Botschafter die schwarzbeinigen Punkte zu entschlüsseln, die da dicht vor seiner Brille auf und ab tanzten. Meine Güte, seit mehr als dreißig Jahren hatte er doch nichts mehr vom Blatt abgesungen, und heute sollte er das hier öffentlich am Waldrand –?

»Blabla«, mühte er sich mit dünnem Bariton einige Töne ab. »Blablabla -bla-blabla –«

Klingt übrigens gar nicht so übel, fand er dabei und wollte gleich darin fortfahren, als er merkte, daß das, was man ihn da absingen ließ, das ihm gut bekannte ›Gaudeamus igitur‹ seiner Studentenzeit war.

»– iuvenes dum sumus«, schmetterte er, sicherer geworden und deutlich lauter, die zweite Zeile herunter. Sämtliches Nachtgetier erschrak und auch das des Tages, als es den Botschafter hörte, doch bevor es noch Zeit hatte aufzuspringen oder davonzuflattern, war der garstige Gesang verstummt.

Der Botschafter war nämlich aufgewacht. Aufrecht saß er im Bett seiner schönen Residenz am Platz der Großen Palmen und horchte erstaunt um sich. Ein Gartenfenster war vom Nachtwind aufgeweht worden, die Flügel schlugen hin und her, so daß Schwaden schweren Jasmindufts in das Schlafzimmer eindrangen.

»Scheißwüstenwind!« schimpfte der Botschafter ärgerlich und schob sich seine Kissen zurecht. Sollte sich das rappelnde Fenster zum Teufel klappern, er mußte jetzt erstmal die restlichen Strophen seines Liedes singen. Also sang er schallend alle sieben Strophen herunter, wobei er mit beiden Armen kräftig den Takt schlug.

Als er fertig war mit dem ›Gaudeamus‹, warf er das Federplumeau zurück und schlurfte, die Pantoffeln an den Füßen, zur Bibliothek hinunter ins Parterre. Dort holte er aus einer Truhe seinen alten Stürmer des Corps ›Nasobemia‹ hervor, dazu die Bierzipfel und einen schweren Säbel, mit dessen Klinge er als Student die ebenmäßigsten Burschengesichter zu furchterregenden Kratern zerkratzt hatte. Nein, was war das damals eine wunderschöne Zeit gewesen, seufzte er, und ach – wo ist sie nur geblieben, seufzte er ein zweites Mal. »– et brevis finietur« sang er melancholisch und betrachtete das ganze Spielzeug seiner Studentenzeit, das er vor sich ausgebreitet hatte.

Die Sonne stand hoch am Himmel und die Spatzen pfiffen

längst von allen Dächern, als er am anderen Morgen, hingestreckt auf den Teppich, erwachte. Er trug noch immer den Stürmer auf dem Kopf, die Stulpenstiefel an den Füßen, und den Säbel hielt er fest umschlossen in den Armen.

Und es war elf, als er endlich in seiner Botschaft eintraf. Kein Mercedesauto fuhr diesmal vor, sondern zu Fuß kam er dahergeschlendert, in der Hand eine Rose. Ein wenig verlegen lächelte er schon, als er sie seiner Vorzimmerdame überreichte.

Freundlich empfing der Botschafter von nun an jeden, der ihn sprechen wollte. Mit grenzenloser Geduld hörte er sich die umständlichen Vorträge seiner Mitarbeiter an und fragte sie liebenswürdig, was sie denn da zu unternehmen gedächten oder erteilte ihnen einen Rat, an den sie sich halten mochten oder auch nicht.

Und so blieb er fortan – von unveränderter Güte und jedermann freundlich sein Ohr leihend, bis jener Tag gekommen war, an dem er in den Ruhestand versetzt wurde. Von nun an griff er an jedem Abend, der ihm auf Erden verblieb, nach dem Silbertopf mit dem getrockneten Jasmin, den er vom Staatspräsidenten zum Abschied zusammen mit einem gewaltigen Ordensstern geschenkt bekommen hatte, schnupfte dreimal in die Dose hinein, um sich sodann in sein Bett zu legen – voller Dank gegenüber Gott, den sieben Zwergen und seinem eigenen wiedergefundenen Leben.

Ein Märchen – fürwahr, wird das Beamtenkind denken und sich wünschen, daß möglichst viele unserer Exzellenzen in der Welt davon erfahren. Sie bräuchten ja nicht, wenn ihnen das so widerlich ist, das ›Gaudeamus‹ anzustimmen. Es könnte auch so ein kleines Marienlied sein oder – sei's drum – die ›Internationale‹. Es muß eben halt nur in wirklicher Demut geschehen.

Das Gespenst aus dem Waffenschrank

Diese Geschichte gehört den ganz kleinen Beamtenkindern, damit sie von diesen Märchen nicht allzu enttäuscht sind, sie führt uns nach England und ist daher dem Gespenst von Canterville gewidmet.

Es waren einmal und es gibt sie immer noch, wenngleich es mittlerweile nur noch annähernd 8345 Stück sind. Ich meine die Burgen, Ruinen und Schlösser in England, die von wirklichen Gespenstern bewohnt werden. In jedem Londoner Zeitungskiosk kann der interessierte Dienstreisende das kleine violettsilbern gebundene Büchlein finden: ›Vollständiger Führer durch die Spukhäuser des Vereinigten Königreichs‹. Gleich auf der Seite dreihundertsiebenundsiebzig unten steht beispielsweise die Empfehlung (mit einem Stern), den roten Citybus Nr. 3 von Marble Arch nach Piepcarton House im Londoner Norden zu nehmen und dort das Gespenst aus dem Waffenschrank zu erleben. Eintritt: zehn Schillinge. Blinde, Kinder und Dienstreisende aus der Europäischen Gemeinschaft zahlen die Hälfte.

Piepcarton House hat keine sehr alte Geschichte. Nicht, wenn man es mit dem Londoner Tower vergleicht. Erbaut wurde es erst 1691 durch einen hohen Hofbeamten, den Oberhofkerzenzieher Sir Ralph Piepcarton-Quarles. Bereits Vater und Großvater Piepcarton-Quarles hatten das Wachs in die Länge gezogen, mit Dochten versehen, zu Rollen zusammengedrückt und am Ende in der passenden Länge zu Kerzen zerschnitten. Kein König von England konnte gekrönt, keine Prinzessin vermählt und auch niemand vom Hofe begraben werden, ohne daß man dort anfing herumzusuchen: »Wo stecken eigentlich wieder die Piepcartons?«

Bei Sir Donald Piepcarton-Quarles, der genau vor einhundert Jahren lebte, war diese Frage meist schwer zu beantworten, weil er sich ständig irgendwo auf der Jagd befand, und es brauchte dann Tage, oft Wochen, bis ihn die schnellsten königlichen Fregatten und Reiter aus dem Hindukusch oder dem Atlas herbeigeholt hatten.

Noch am Abend einer solchen Ankunft in London stieg Sir Donald in seinen mit soliden Vorhängeschlössern gesicherten Vorratskeller hinab, in dem die Piepcartons seit Generationen bereits ihre Wachsformen und Rezepte aufbewahrten. Mit zwei Altgesellen machte er sich an die Arbeit. Kübelweise wurde über Birkenreisern und alten Akten des dortigen Auswärtigen Amtes (ein streng gehütetes Familiengeheimnis!) das Bienenwachs erhitzt, in die bereitstehenden Formen gegossen, gezogen, gewalkt und am Ende mit Silberkronen ohne Zahl überzogen, bevor Sir Donald persönlich auf jede einzelne Kerze ein ›I‹ aufdrückte, denn wiedermal war Hochzeit bei Hof, und ›I‹ hieß ›Irene‹, Prinzessin Irene.

Während noch der ganze köngliche Hof und alle Gäste, unter ihnen zwei Zwergenkönige, die Wunder britischer Kerzenziehkunst mit unendlichen ›Ahs!‹ und ›Ohs!‹ bewunderten, lag Piepcarton todmüde in seinem Bett und zählte, wie an jedem Abend, die Flitzebogen, Pfeile und Köcher in den Schränken an der Wand vor ihm, doch über dreißig kam er an diesem Abend nicht hinaus, dann war er eingeschlafen.

Noch in den letzten Lebensjahren Sir Donald Piepcarton-Quarles' geschah es, daß auf den Straßen und in den Häusern Londons das elektrische Licht angezündet wurde. Piepcarton sah sich das nur einmal kurz an, sagte deutlich vernehmbar: »Was für ein billiger Quatsch!« dazu und meinte, das sei wieder mal so eine törichte Mode, die wohl wieder verschwinden würde, wie die Krinolinen, Perücken und gepuderten Haare.

Als er aber in den Zeitungen lesen mußte, auch in den königlichen Palästen würden die elektrischen Leitungen gelegt und die jahrhundertealten goldenen Kandelaber von den Wänden genommen, nur um den Leuchtbirnen eines bis dahin gänzlich unbekannten Mr. O'Sram Platz zu machen, begriff der alte Mann, daß seine Zeit zu Ende gegangen war. Er richtete nun, wie man damals sagte, sein Haus, schrieb sein Testament und setzte darin seine Kinder Ian und Elisa je zur Hälfte als Erben ein. Am Ende schrieb er: »Nie und niemals in allen Zeiten darf in Piepcarton House elektrisches Licht angezündet werden!«

Drei Tage darauf war Sir Donald Piepcarton-Quarles tot. Unter großer Anteilnahme des Landes wurde er zu Grabe getragen. Sogar der König hatte dem letzten Königlichen Oberhofkerzenzieher einen wagenradgroßen Kranz am Grab niederlegen lassen und Prinzessin Irene einen Butterblumenstrauß.

In Piepcarton House wurden die Fensterläden geschlossen, denn keines der beiden Kinder wollte in der altmodischen Düsternis, das heißt nur bei Kerzen- und Petroleumlicht, dort leben. Nur zweimal im Jahr schickten sie einen Diener hin, der die Fenster und die Böden putzen mußte, den Staub von den Flitzebögen und Pfeilen abwischte und dann das Haus gleich wieder verschloß. Bis zum nächsten Jahr.

Auch die Kinder Sir Donalds starben und das Haus erbte Ian Piepcarton-Quarles der Jüngere, der es nach kurzer Besichtigung zwar entsetzlich düster, aber insgesamt doch eher hübsch fand. »Wenn man da erst mal elektrisches Licht gelegt hat«, sagte er sich, »dann wird man erst sehen, wie zauberhaft es ist!«

Auf der Stelle gab er den Auftrag, achthundertfünfzig Meter elektrisches Kabel und fünfunddreißig Steckdosen zu verlegen, wobei schon jetzt zu seiner Entschuldigung gesagt werden muß, niemand hatte ihm etwas von dem Testament seines Großvaters gesagt: »Nie und niemals in allen Zeiten darf in Piepcarton House elektrisches Licht angezündet werden.«

Die Flitzebogenschränke wurden zugehangen, die Wände aufgeschlagen, die Leitungen verlegt, die Löcher wieder zugeputzt, die Schränke an ihre alte Stelle gerückt und Ian Piepcarton-Quarles bezog Piepcarton House mit einem lichterglänzenden Fest, bei dem es Muffins gab und viel, entsetzlich viel Punsch.

Spät in der Nacht – alle Gäste waren gegangen – saß Ian im Bett und las noch in der Sportzeitung. Plötzlich hörte er ein sirrendes Geräusch.

»Klirr!« sprang eine der beiden Birnen auf seinem Nachttisch entzwei. Hinten in der Wand wippte, noch zitternd vom Flug, ein malayischer Giftpfeil.

Bevor Ian so recht begriffen hatte, was eigentlich los war, wiederholte sich das sirrende Geräusch.

»Klirr!« Die zweite Birne hatte aufgehört zu leuchten.

»Sirr-klirr!« Die nächste Birne zerbarst und Ian saß in völliger Dunkelheit.

»John! Zur Hilfe! Indianer!« rief er laut, doch dann fiel ihm ein, daß der alte Diener ja heute frei hatte und im Dorf geblieben war.

Im Dunkeln stand Ian auf. Er stieß sich erst die Hüfte an einer Kommodenecke, dann den großen Zeh am Schrank.

»Gibt es denn in diesem verdammten Haus nirgendwo Kerzen?« schimpfte er, während er die Schrankfächer vergeblich durchkramte.

Da hörte er ein Lachen, das tiefe vergnügte Lachen eines alten Mannes hinter sich. Ian fuhr herum.

»Hände hoch – Sir!« rief er, obgleich er nichts bei sich trug, womit er jemanden bedrohen konnte. Aber es rührte sich nichts, und auch das Lachen kam nicht wieder.

Auf dem Weg in die Küche stieß er sich zweimal den Kopf.

»Hier wenigstens gibt es Licht!« dachte er und drehte den Schalter neben dem Herd.

»Sirr!« machte es, und ein Amazonasindianerpfeil mit roten Kolibrifedern am Schaft hatte die weiße Kugellampe zerschmettert.

»Klirr-kirr!« Zwei Ampeln über der Anrichte folgten. Es gab einen blauen Funken.

»Au warte – nun auch noch Kurzschluß!«

Die halbe Schachtel Streichhölzer brauchte er auf, bis er schließlich das Überfallkommando im Telefonbuch gefunden hatte.

»Hallo, Wachtmeister!« rief er in den Apparat. »Hier fand ein Überfall statt! Piepcarton House! Hören Sie – die Indianer sind hier!«

»O weia!« knurrte es am anderen Ende. »Empfehle Ihnen einen großen Eisbeutel auf den Kopf. Das hilft immer.«

»Aber nein!« sagte Ian sofort. »Sie verstehen mich nicht richtig, Herr Wachtmeister. Hier stecken rings um mich herum die Pfeile in der Wand. Und Kurzschluß ist auch!«

»Na gut denn, Sir«, sagte der Polizist, der gleich viel freundlicher wurde, weil er mit *Herr* Wachtmeister angeredet worden war.« Schick Ihnen wen vorbei!«

Zehn Minuten darauf hielt ein Streifenwagen vor Piepcarton House.

»Wohl 'n bißchen alt zum Indianerspiel, Sir«, wunderte sich der Polizist, ein dickbäuchiger kleiner Mann mit roter Nase. »Gibts denn kein Licht in der Bude?«

»Kurzschluß«, erklärte Ian Piepcarton.

»Auch keine Kerzen?«

Schon wieder war das tiefe Lachen zu hören.

Der Polizist blickte sich suchend um. »Besuch hier?« fragte er.

»Besuch? Äh ja. Das heißt – nein!« stotterte Ian, der sich genierte zu sagen, es liefe vielleicht ein Gespenst durch das Haus.

»Na gut, ich hol mal 'ne Lampe aus meinem Wagen.«

Mit zwei Handlampen, deren Kabel zum Auto hinführten, kam er zurück.

»Sirr!« hörte man nur und noch einmal: »Sirrr!« Beide Lampen waren in dem Augenblick zerschossen, als der Polizist den Fuß über die Haustürschwelle gesetzt hatte. Erschrocken tastete er die beiden Lampen ab.

»Pfeile! Sie haben recht – richtige Pfeile!« rief er laut.

»Sagte ich es Ihrem Kollegen nicht? Indianer sind hier.«

»Wissen Sie, Sir –«, der Polizist zog sich schrittweise auf die Haustür zurück, »– morgen, wenn es hell ist, komme ich wieder.« Er zog sich die Mütze tiefer ins Gesicht. »'n Abend, Sir!«

Ian Piepcarton war wieder allein.

Gleich am anderen morgen rief er die Polizei an. Sie bräuchten nicht erst zu kommen, er zöge nämlich aus, sagte er. Für immer, jawohl!

Er ließ sich im Dorf ein großes grünes Holzschild malen, auf dem in gothischen Buchstaben stand: ›Besuchen auch Sie das Gespenst aus dem Waffenschrank. Piepcarton House, London NW‹ und bot jedem an, hundert Pfund zu bezahlen, der mit einer elektrischen Lampe in der Hand sich zehn Minuten in Piepcarton House aufhielt, ohne daß die Lampe zerschossen wurde.

Vor dem Kassenschalter standen, winters wie regens, ständig in langen Schlangen die Besucher. Die hundert Pfunde brauchte Ian Piepcarton-Quarles aber niemandem zu bezahlen, denn selbst mit dickem Glas geschützte Lampen und Leuchten zerschoß das Gespenst mit den Pfeilen aus dem Waffenschrank zu allerkleinsten Splittern.

Piepcarton House steht noch heute dort an der Endstation des doppelstöckigen Citybusses Nr. 3 im Norden Londons. Der Eintritt soll demnächst erhöht werden. Auch werden Blinde, Kinder und dienstreisende Beamte aus der Europäischen Gemeinschaft den vollen Eintrittspreis bezahlen müssen.

Nachdem nun die allgemeine Landarmut mit den jüngsten Haushaltskürzungen nach seinem Ernährer greift, wird das kleine Beamtenkind Piepcarton House wohl nie von innen zu sehen bekommen.

Vom goldenen Fischlein, das das Plansoll erfüllen half*

Hinter ihren hängenden Schnauzbärten hervor erzählen die Genossen Märchenerzähler den kleinen Funktionärskindern seit altersher dieses Märchen, von dem heute das Beamtenkind etwas hören soll, weil es so gar nichts weiß, was dem Funktionärskind ›drüben‹ das Herz bewegt.

Paßt auf, es geht los!

»Einst fischte in dem ›Ostsee‹ geheißenen Friedensmeer ein Fischereikollektiv, das nannte sich seit seiner Gründung im x-ten Jahr des Bestehens unserer Republik ›Rote Flunder‹. Die ›Rote Flunder‹ hatte sich –« und hier zogen die Genossen Märchenerzähler immer raschelnd einen Schulungsbogen aus der Uniform »– sie hatte sich in einer bewegenden Willenserklärung zur Aufgabe gestellt, die Grundfragen der Zeit lösen zu helfen und die Friedensinitiative des Genossen Leonid Breschnews auf das wirksamste zu unterstützen.« (Das Papier versank wieder in den Tiefen der Tasche.) »Wie wirksamer konnte das geschehen, sagten sich die ›Roten Flundern‹, als durch eine gewissenhafte Planung des Fangsolls.

Gesagt, geplant!

Doch weil nun das Ostseewasser durch die undurchsichtigen Machenschaften der Entspannungsfeinde der anderen Seite immer trüber wurde, so fanden sich weniger und weniger Fische in

* Einer unbekannten polnischen Quelle frei nacherzählt.

den ständig enger geknüpften Maschen der Netze, woran weder die Lobpreisung des großen Vorfischers des Sozialismus, noch die abergläubisch aufgestellten Kerzen vor dem Schnitzbild eines gewissen Fischfängers Petrus etwas ändern wollten.

Mit der Planerfüllung sah es vorher wie nachher desolat aus.

So stand es, als an einem Julisonntagnachmittag Fischers Fritz, Junger Pionier und Kandidat der ›Roten Flunder‹, für sich allein am Ufer saß und sich sein Abendessen zusammenfischte. Sorgenvoll dachte er dabei über den Plan nach. Doch je mehr er nachdachte, desto tiefer geriet er darüber in Trauer. Er war am Ende so schrecklich traurig geworden, daß er gar nicht bemerkte, wie plötzlich der weißrote Schwimmer der Angel lustig auf und nieder hüpfte. Erst als die Angelleine surrend abzurollen begann, schreckte er aus seinen Planberechnungen auf und er beeilte sich, den Fisch, der da zappelte, sachgerecht einzuholen.

Aber wie groß war Fritzens Überraschung, als er am Haken seiner Angel keinen ellenlangen Seehecht, sondern nur ein winziges, golden schimmerndes Fischlein hängen fand, ein Fischlein, das nicht länger war als ein Daumen breit ist. Und erst recht erschrak er, als das kleine Fischlein, kaum war es vom Haken gelöst und in eine leere Marmeladendose versenkt, nun auch noch zu reden anfing.

»Schenk mir das Leben, lieber Fritz!« bat das Fischlein flehentlich.« Bitte, lieber Fritz, schenk mir doch das Leben! Ich verspreche dir dann, jeden Wunsch zu erfüllen, den du hast.«

»Hmhm!« machte der Fritz mißtrauisch, weil er doch noch nie in seinem Leben ein sprechendes Fischlein gesehen hatte. »Und was wird, wenn ich dich ins Wasser werfe und mein Wunsch geht nicht in Erfüllung?«

»Leg auf der Stelle ein Netz aus, und das Plansoll ist erfüllt«, sprach das Fischlein und fügte hinzu: »Und wenn du mehr brauchst – Anruf genügt!«

Fischers Fritz tat sofort, wie ihm das goldene Fischlein befohlen hatte. Er holte sich ein großes Netz aus dem Schuppen, versenkte es vom Boot aus in die See und gleich sah er, wie darin die silbrigsten Heringe blitzten. Die zogen das Boot nicht nur an den Strand zurück, sondern wälzten sich dort auf das Trockene, sprengten sich selbst Kopf und Schwanz ab und rollten sich sogar noch von selber zusammen.

»Allerliebsten Dank, liebes Fischlein«, rief da Fritz zufrieden aus und gab dem goldenen Fischlein die Freiheit zurück.

Ihr könnt Euch sicher denken, was für eine Freude nun unter den Fischersleuten herrschte, als sie Fritzens glitzernden Fang bäuchlings aufgerollt in der Sonne liegen sahen. Sogleich steckten sie noch Zwiebeln, Gurken und rote Seesterne dazwischen, stopften alles in Konservengläser hinein und sandten dann ihrem zuständigen Parteisekretär ein Telegramm: »Rollmopssoll vorfristig erfüllt stop hoch lebe die unverbrüchliche freundschaft aller fischliebenden völker stop rote flunder«. Erst dann gingen sie alle in ihre Hütten zurück.

Müde lag an diesem Abend Fischers Fritz in seiner Hängematte und sah grübelnd gegen die rußgeschwärzte Katendecke. Anruf genügt! hatte das goldene Fischlein heute Mittag gesagt, dachte er. Anruf genügt – ob man da nicht mal vorsichtig anfragen sollte, wie's mit einem Fernsehapparat – und sei's nur ein ganz einfacher und sehr gebrauchter –?

Schon stand Fritz in seinen Holzpantinen am Strand.

»Goldenes Fischlein!« brüllte er los. »Goldenes Fischlein! Ich wünsch mir noch'n Fernseher, so'n ganz ollen –«

»Schwarzweiß oder Farbe?« fragte das goldene Fischlein sanft, das dicht vor Fritzens Füßen den goldigen Kopf aus den Fluten streckte.

O naja«, meinte Fritz etwas verlegen. »Besser wohl gleich mit Farbe – ach, und mit Westantenne!« fügte er hastig hinzu und schämte sich sogleich, daß ihm das als Jungem Pionier so leicht über die Zunge gerutscht war.

»Steht längst in deiner Hütte«, rief das goldene Fischlein und war in der Friedenssee verschwunden.

Die Pantien in den Händen, rannte Fritz nach Hause, und richtig – da stand auf seinem Seekoffer ein funkelnagelneuer Fernsehapparat, der übertrug einen Bericht über die Dekadenz des kapitalistischen Heringsfangs, gerade als es an der Hintertüre klopfte. Als Fritz aufmachte, stand der Kapitän davor. Mann, machte der vielleicht Augen, als er sah, wie schön dekadent die westdeutsche Heringsflotte da herumfuhr, und noch mehr staunte er, als Fritz ihm die Geschichte vom sprechenden Fischlein erzählte.

»Was meinste denn, Fritzchen«, sagte der Kapitän nach einer Weile, »was meinste denn –«, und er strich sich zögernd den eisgrauen Bart, »– würde mir dein Fischlein unter Umständen auch so'n Ding in Farbe spendieren?«

Im Nu standen die zwei am Ostseestrand.

»Goldenes Fischlein, goldenes Fischlein! Der Käptn wünscht sich auch so'n Fernseher, wie ich ihn hab'«, schrie Fischers Fritz aufs Wasser hinaus.

»Steht längst in seiner Hütte«, hörten sie es rufen, ohne daß diesmal das Fischlein zu sehen war.

Es kam nun so, wie es halt manchmal kommt in der Welt – für die nächsten Tage wurde Fischers Fritz vom Heringsfang befreit, dafür stand er vom Morgen bis zur Nacht unten am Strand und mußte sich das Blaue vom Himmel herunter wünschen. Einen Fernsehapparat, farbig mit Westantenne – so ging es los – für jeden der hundertundelf Mitglieder des Fischereikollektivs ›Rote Flunder‹, noch eine Kühltruhe für jeden Verheirateten, für alle Ledigen einen Kühlschrank, dazu eine Bar für den Kapitän und einen Fiat Polski mit rosa Liegesitzen für den Parteisekretär.

Und Fritze wünschte sich und wünschte sich, bis dann eines Tages, eher wohl unverhofft, die Revisionskommission Fischfangener Kollektive des Weges kam. Die hatte nämlich irgendwie davon reden gehört, daß es bei der ›Roten Flunder‹ derzeit nicht ganz mit rechten Dingen zuging. Die Genossen Revisoren ließen sich alle Rechnungen und Bücher vorlegen, über die sie sich hinüberbeugten, um sich dann nicht wenig zu wundern über die roten Zahlen und die vielen schwarzglänzenden Fernsehapparate mit den Westantennen am Dach. Aber obgleich sie nun die Fischer drei Tage lang aufgereiht in die heiße Sonne stellten, um mal zu hören, wie denn das teure Zeug alles hierher gelangt sei, so war aus diesen Leuten kein Wort herauszulocken. Mit hervorquellenden Augen, stumm wie ihre Fische standen sie matt im Sand und zeigten nur auf den Fritz. Der aber redete und redete, doch der Genosse Komissionsvorsitzende wollte es ihm einfach nicht glauben, daß alle diese Wunder ein goldenes Fischlein vollbracht hatte. Das jedoch blieb verschwunden, so sehr Fischers Fritz, der alte Kapitän und schließlich die ganze Revisionskommission nach ihm riefen.«

Das Funktionärskind hingegen glaubt felsenfest an den kleinen goldenen Fisch. Hat er doch erst neulich in Papas Kühltruhe fünfzig goldene Dukaten versteckt und dazu ein dickes Bündel tiefgefrorener Dollarnoten.

In der gleichen Reihe erscheinen:

Ingo Iltis

Die Dritte Grazie

Ungraziöse Verse zu Lasten der Justiz

Zeichnungen von Bernd Burkhard

Nomos Verlagsgesellschaft
Baden-Baden

Rudolf Gerhardt

Von Fall zu Fall

Notizen aus der Residenz des Rechts

Mit Zeichnungen von Bernd Burkhard

Nomos Verlagsgesellschaft Baden-Baden

Meinhard Heinze

Der ungeliebte Jurist

Bilder von Bernd Burkhard

Nomos Verlagsgesellschaft
Baden-Baden

Adriaan Pitlo

Der Floh im Recht

und andere Curiosa
aus alter Rechtsliteratur

Nomos Verlagsgesellschaft
Baden-Baden